蘇聯簡史

1922-1991

THE SHORTEST HISTORY OF THE SOVIET UNION

SHEILA FITZPATRICK

希拉・菲茨派翠克——著　梁永安——譯

目錄

目 錄

Contents

僅將本書獻給

我在美國生活時認識的三位蘇聯學家

（他們皆在本書寫作期間離世）：

傑瑞・霍夫（Jerry Hough, 1935-2020）

史蒂芬・考亨（Stephen F. Cohen, 1938-2020）

塞維林・比亞勒（Seweryn Bialer, 1926-2020）

還有我的莫斯科師父

（他是老布爾什維克，我從他學到蘇聯史的黑色喜劇）：

伊戈爾・薩特（Igor Aleksandrovich Sats, 1903-1980）

序
INTRODUCTION

★

一九八〇年對蘇聯來說本來應該是個好年頭。畢竟，在蘇聯創建五十八年之後和在布里茲涅夫（Leonid Brezhnev）乏味但穩定地統治了十六年之後，這個國家終於可以鬆一口氣，感覺最壞的時候已經過去。在國內，正常化（normality）已經達成，等在前頭的必然是好日子。國際上，這個國家在二戰之後成為了一個超級強權，儘管國力上仍然屈居美國之下，但至少在軍事上已經能夠分庭抗禮。

一路走來顛簸崎嶇：一開始是革命和內戰。然後是一九二一年的饑荒和革命領袖列寧（Vladimir Lenin）在一九二四年的早逝。接著是一場新的動盪：列寧的繼承人史達林（Joseph Stalin）在一九二〇年代末尾發起急速的工業化和農業集體化，結果造成了一九三二至一九三三年的大饑荒。一九三七至一九三八年間發生了異常血腥的大清洗，高層的共產黨員受創特別深重。緊接著是二次大戰，讓這個一度被排斥的國家變成了西方的盟友。艱苦贏得戰爭後，蘇聯出人意表地一躍成為一個超級強權，與西方展開冷戰。史達林在一九五三年死後，赫魯雪夫（Nikita Khrushchev）脫穎而出成為最高領導人。他是個有很多「小腦袋鬼主意」（harebrained schemes）的人，在一九六一年的古巴飛彈危機一度把國家帶到戰爭邊緣。然後他在一九六四年被推翻。

接著掌舵的是布里茲涅夫。這個不感情用事與和藹可親的人沒有製造事端，而是

這幅1980年的漫畫描繪列寧的大業取得了勝利，被打敗的敵人仆倒在他腳下。A. Lemeshenko和I. Semenova繪。

把國家帶到較平靜水域。他明白蘇聯老百姓嚮往的是美國和西歐的生活方式。一個意料之外的助力讓這個任務變得較為輕鬆：在一九八〇年，國際油價比一九七〇年代中葉以來倍增，站上了歷史最高水平。（蘇聯在過去幾十年成為石油的大生產者和出口者。）

赫魯雪夫曾經急躁地保證國家將會在一九八〇年達到全面的共產主義。較為謹慎的布里茲涅夫擱置這個承諾，偏好發展「發達社會主義」（Developed Socialism）——這個詞語事實就是指本已存在於蘇聯的經濟和政治體系。但大部分蘇聯老百姓覺得這樣很好。他們想要的是更多供自己消費的商品，不是人人共享的商品（後者是共產主義理想保證提供）。那是一個後革命時刻，革命已成歷史。曾經為革命而戰的那一代人不是已經死了就是在領退休金。就連在史達林統治下受惠和獲得起用的一群人（包括布里茲涅夫）也邁向退休的年齡。布里茲涅夫晚年的價值觀更接近革命分子所說的「資產階級」多於他的前任。（一個當時廣泛流傳的笑話說，布里茲涅夫的母親對兒子收藏的昂貴西方汽車充滿焦慮，問他：「萬一布爾什維克捲土重來怎麼辦？」）

生活水平提高了：房屋本來嚴重短缺的現象獲得了改善；沒有民族群體或社會群體起而造反。一九七七年的憲法承認蘇聯對社會主義的打造獲得成功，宣稱「一個新的歷史共同體即蘇聯人民」已經出現。當然，蘇聯仍然面臨難題：經濟發展緩慢，有一個不願意也沒有能力改革的笨重官僚系統；東歐對蘇聯的掌控會定期爆發怨氣；與美國不睦；一個小型異議運動的出現（這些異議分子沒有獲得廣大民眾多少支持，但與西方記者關係緊密。）一九七九年十二月二十四日，蘇聯入侵阿富汗，導致一九八〇年七月在莫斯科舉行的夏季奧運會受到許多國家杯葛，大為失色。

冷戰期間，西方國家將蘇聯塑造為一個極權主義妖魔，把共產主義和納粹劃上等號，視之為西方民主的對立面。這種理論的主旨之一是一個極權主義政權一旦成立，就是不會改變，只能夠透過外力推翻。然而，這種主張卻因為一件事而變得較沒有說服力：蘇聯政權在史達林死後不但沒有崩潰，還顯示出自己具有激烈改變的能力。到了一九八〇年代，蘇聯的「極權主義」形象在西方大眾心中雖然仍然有力和容易引起情緒反應，但在學者中間卻失去了吸引力，對其提出質疑的包括了美國政治科學學者史蒂芬．考亨（Stephen F. Cohen）和傑瑞．霍夫（Jerry Hough）。即使在保守圈子，那個被珍愛了超過六十年的希望——蘇聯政權會馬上崩潰——也被靜悄悄地拋棄了。

在總結主流美國蘇聯學家在一個會議上的共識時，羅伯特．伯恩斯（Robert Byrnes）指出：「我們一致同意，不存在任何蘇聯會成為一個政治民主政體的可能或它會在可見的未來崩潰的可能。」（強調字體為外加）由政治科學家塞維林．比亞勒（Seweryn Bialer）在一九八〇年出版的一本美國蘇聯學重要文本力主，美國是時候放棄蘇聯會發生改變的徒勞希望，接受蘇聯將會長存的事實。本著同樣的精神，華府的國會圖書館最終決定（它幾十年來都因為流亡人士和冷戰壓力的要求而不理會蘇聯的存在）在圖書歸類系統中加入蘇聯圖書一類。這是個極為明理的做法，而且就像幾乎每個在蘇聯研究社群中的人都認為的那樣，早就該這樣做了。然而，國會圖書館其實可以省去自己的這個麻煩，因為事實證明，不到十年它就沒有蘇聯圖書可以編目。

蘇聯簡史（1922-1991）

當我第一次以研究生的身分接觸到蘇聯的時候——時為十月革命五十週年前夕——我不可能預料得到我將會在它百歲冥壽時為它寫訃聞。它得年六十九歲，只比在蘇聯末期出生的蘇聯人的平均壽命多幾年（但這平均壽命已比在蘇聯時期之初出生的人多出近一倍）。

出於歷史敘事的性質使然，歷史學家常常把事件說得像是無可避免。愈好的歷史解釋被認為愈會讓讀者覺得別無其他可能。但這卻不是我寫這本《蘇聯簡史》的意圖。我的觀點是，人類歷史就像構成這歷史的個人生活那樣，很少是不可避免的。如果不是出於偶然的原因，事情是可以有不同的演變。當然，在蘇聯的個案，我們面對的是一些革命分子，他們就像馬克思一樣認為他們對歷史瞭如指掌，大體知道在任何歷史階段會發生什麼事。「偶然的」和「自發的」在蘇聯的用法裡總是貶義詞，指那些按照計畫不應該發生的事情。它們也是蘇聯詞彙中最常見的詞語。這同一派的馬克思主義革命分子——他們信奉自然環境和經濟環境會臣服於人類計畫的觀念——在一九一七年十月奪權成功，大出他們自己意料之外。因為這與他們對他們處境的理論分析不同，幾乎是偶然的。

我將要講述的蘇聯歷史充滿反諷，而這部分當然是因為革命分子堅信馬克思主義給了他們一種解碼工具。例如它告訴他們，社會是分成敵對的階級，各有各的政治代表，而他們的黨——最初是俄國社會民主工黨的布爾什維克派系，從一九一八年起改稱共產黨——代表無產階級。這種想法有時正確，有時不正確，視乎環境而定。但不管怎樣，它都愈來愈無關緊要，因為在布爾什維克成功奪權後，一件事很快便明明白白：黨對於支持它的工人和農人的主要作用是向他們提供向上流動的機會[1]（馬克思主義理論沒有這麼認為過）。

理論告訴布爾什維克黨人，新的多民族蘇維埃國家完全不同於舊的多民族俄羅斯帝國（雖然兩者的邊界實質重疊），而且這個國家的中心地區不會對邊緣地區進行帝國主義剝削，因為就定義，帝國主義是資本主義的最高階段，是社會主義完全沒有的成分。正如我們將會看見的，特別是在最初幾十年，這種說法比它乍看的要合理。另一方面，我們也不難看出為什麼地處邊陲的非斯拉夫人地區有時會覺得它們在蘇維埃莫斯科的眼中和在沙皇聖彼得堡的眼中無甚差異。

西方把蘇聯的體制稱為「極權主義」並不是為了頌揚。但事實上，從蘇聯自己的立場看，這種說法卻近乎一種恭維，因為它幾乎照映出共產黨的自我形象：由一個無所不知的領導人根據科學和計畫制定穩定的道路，把包括最小的細節在內的一切納入控制之中。[2]出現在這種宏偉計畫中的許多「偶然」改道和「自發」歧出當然是無關緊要，不過它們將會在我的《蘇聯簡史》中扮演一個重要角色。它們對蘇聯人民的生活不是無關緊要的，而官方說詞和鮮活經驗的落差當然就是政治笑話（anekdoty）這種鮮明蘇聯文類的材料。「原則上」和「實際上」的對比是蘇聯政治笑話的主菜。另一道主菜是馬克思主義的辯證法概念，它主張社會經濟現象（例如資本主義）在自身之內包含著自身的對立面（資本主義的對立面是社會主義）。外來詞Dialetika[3]是一個從黑格爾收養而來的哲學概念，但因為強制性的「政治識字教育」，大部分蘇聯人都熟知辯證法打發掉矛盾的拿手本領。以下是一個典型的蘇聯辯證法笑話：

問：資本主義和社會主義的差異何在？

答：資本主義是人對人的剝削，社會主義是資本主義的被其對立面所取代。

馬克思主義預言資本主義最終會崩潰，被社會主義取代（用赫魯雪夫的話來說是：「我們將會埋葬你們！」）這對奮力對抗俄國的落後和打造一個工業化、都市化的現代社會的蘇聯共產黨人來說是一個慰藉。到了一九八〇年代早期，他們多多少少達成了目標。蘇聯的力量和地位受到世所公認。「蘇聯人」成為了好識別的生物，他們在東歐的蘇聯集團有近親，在中國和北韓有較成問題的親戚，在第三世界有仰慕者。

1 譯注：即讓工人和農人變成不是無產階級。
2 譯注：「極權主義」的字面意義是國家掌控一切。
3 譯注：辯證法的俄語。

然後在現代史最壯觀和最無法預測的一個「意外」中，蘇聯的社會主義崩潰了，被一九九〇年代所謂的「失控資本主義」（wild capitalism）取而代之。共十五個繼承國——包括俄羅斯聯邦——在一眨眼中出現，每個繼承國的人（包括俄羅斯人本身）都大聲抱怨他們在蘇聯的舊日子是剝削的受害者。《社會主義曾經是什麼而接下來會出現什麼？》（*What Was Socialism, and What Comes Next?*）是美國人類學家

「六十年了而它仍然叫人痛。」是E. Gurov為「紅軍日」（1978年2月23日）所畫的這幅漫畫的標題。漫畫顯示一個英國爵爺仍然對英國當日沒有介入俄國內戰耿耿於懷。

凱薩琳・韋德瑞（Katherine Verdery）評論後蘇聯時代的著作的書名。這個書名非常適切，因為它指出了對前蘇聯集團國家來說，突然變得不可知的不是只有未來，而是還有過去。「接下來會出現什麼？」是個沒有審慎歷史學家曾經嘗試回答的問題。對於「社會主義曾經是什麼」，政治哲學家可以引經據典加以分析，但我會採取一條不同的路徑：歷史人類學的路徑。不管社會主義在原則上可能意謂著什麼，但在一九八〇年代被彆扭地稱為「真實存在的社會主義」（really existing socialism）都在實際上出現在蘇聯。以下就是蘇聯從生到死的故事。

1

締造聯盟
MAKING THE UNION

俄國革命的原意是要在歐洲遍地點燃革命，但這計畫沒能成事，只在俄羅斯形成了一個革命國家：以莫斯科為首都的「俄羅斯蘇維埃聯邦社會主義共和國」（Russian Soviet Federative Socialist Republic）。然而，俄羅斯帝國的非俄羅斯人地區也發生了動盪，導致了各種結果。波羅的海省份選擇獨立，波蘭省份選擇加入一個新成立的波蘭國。但到了十月革命所點燃的內戰結束時，其他地區都已經建立起自己的蘇維埃共和國（通常是部分得力於革命俄國的紅軍）。

一九二二年十二月，「烏克蘭蘇維埃社會主義共和國」、「白俄羅斯蘇維埃社會主義共和國」、「外高加索蘇維埃聯邦社會主義共和國」與「俄羅斯蘇維埃社會主義共和國」共組「蘇維埃社會主義共和國聯盟」（簡稱「蘇聯」），首都設在莫斯科（原來的帝國首都彼得格勒從此必須習慣當老二）。其標誌是鐵鎚鐮刀，口號是「全世界無產者聯合起來！」（同時以俄羅斯語、烏克蘭語、白俄羅斯語、喬治亞語、亞美尼亞語和亞塞拜然語書寫。）

這個新聯盟的憲章給與各加盟共和國退團的權利，但有近七十年時間沒有加盟共和國動用這權利。在一九二〇年代和三〇年代之間，有五個中亞共和國從「俄羅斯蘇維埃社會主義共和國」分離開來後加入蘇聯，分別是：烏茲別克、土庫曼、塔吉克、哈薩克和吉爾吉斯。「外高加索蘇維埃聯邦社會主義共和國」也分裂為本來的三個組成部分：喬治亞、亞美尼亞和亞塞拜然。一九三九年，波羅的海三小國（拉脫維亞、立陶宛、愛沙尼亞）和摩爾多瓦基於一九三九年《德蘇互不侵犯條約》的祕密條款被蘇聯兼併，讓蘇聯的加盟共和國增加至十五個。

雖然蘇聯的領土些許少於帝俄，但前者明顯是後者的繼承國。到底這是否意謂著蘇聯也是一個帝國——由俄羅斯人以控制一群民族共和國的方式控制一批國內殖民地——是一件有爭議的事。西方列強因為仇視布爾什維克政權和樂見它垮台而視之為一個帝國，而且是一個沒有正當性的帝國。但布爾什維克本身對於他們的聯盟有著完全不同的看法。黨領導階層有很多人完全不是俄羅斯人而是屬於受舊帝俄壓迫的少數民族之一，例如拉脫維亞人、波蘭人、喬治亞人、亞美尼亞人和猶太人。他們是俄羅斯帝國主義不共戴天的敵人，在成長過程中因為看見帝俄對非俄羅斯裔與日俱增的歧視而忿恨不已。他們把他們在蘇聯內外的任務視為是解放前殖民地的屬民，特別是亞洲的殖民地，包括帝俄在十九世紀征服的中亞地區。根據一九二〇年代的口號，「俄羅斯民族沙文主義」是「最大的危險」，意謂著在蘇聯的所有民族主義中，俄羅斯人的民族主義最有害。

布爾什維克黨人都是虔誠的馬克思派國際主義者，認為民族主義是一種虛假意識。然而他們看出它的民眾吸引力，也知道設法消滅民族主義會導致民族主義倍增。他們不準備犯這種錯誤。他們的策略是鼓勵非俄羅斯裔的民族主義，方法是除了用本土語言進行管理和促進民族文化以外，還設立獨立的地區行政機構，從共和國的層次（例如烏克蘭）開始，下至鄉村蘇維埃的層次（烏克蘭共和國內有一系列猶太裔、白俄羅斯裔、俄羅斯裔、拉脫維亞裔、希臘裔和其他人的「自治區」）。蘇聯統治的一個弔詭是它的行政管理結構不只保護民族認同，還協助創造民族認同。

落後的問題

布爾什維克是不折不扣的現代化派和理性化派，這表現在由國家領導的工業發展是他們的方案的核心，也是他們所謂的社會主義的重要部分。他們認為俄羅斯相對於西方的落後是一個必須克服的大挑戰。然而，在他們的分析裡，俄羅斯也有自己國內的「東方」（即中亞），而為了使之現代化和文明化，除了需要建立識字學校和採行優惠性差別待遇政策[1]外，還需要投資在基礎建設和工業上。對做為一整體的蘇聯來說，現代化和拋棄傳統同時是遠程計畫和短程計畫的首要目標之一。帝俄使用的「儒略曆」（比西方使用的「格里曆」晚十三日）是一個早期受害者：在一九一八年改行「格里曆」之後，十月革命變成是在十一月七日慶祝。在奪權的之後的幾個月內，布爾什維克實行了大量的改革，包括修改正寫法、把婦女從一系列法律枷鎖中解放出來、墮胎合法化、無過錯離婚合法化、廢除東正教的國教地位（東正教被認為是迷信的集大成者）和廢除社會等級制。

革命前的俄國有多落後？「落後」是一個滑溜的概念，總是暗示著跟某種讓人羨慕和更先進的東西的對比。在俄國的個案，對比的對象是西歐。讓俄國脫離落後和向西方看齊是彼得大帝在兩世紀前的追求。所以他興建了新首都聖彼得堡，又強迫貴族剃去落腮鬍。俄國在彼得的後繼者統治下表現優越，特別傑出的是凱薩琳女皇（她跟啟蒙思想家狄德羅和伏爾泰通信），因此在十九世紀初被承認為歐洲一大強國。這種名聲又因為俄國在俄羅斯大草原上打敗拿破崙的軍隊而得到鞏固。它的領土在十九世紀不斷增加，向南擴張至高加索，又往東推翻了一些由「汗」們統治的中亞小國。

1 譯注：如考大學加分或申請黨職優先錄取之類。

上｜1900年前後的莫斯科紅場。聖巴西爾教堂（St. Basil's）在其左方，克里姆林宮在右方。紅場早在共產主義時代以前便已得名（「紅」有漂亮之意）。
下｜莫斯科的盧比揚卡廣場（Lubyanka Square），1900年前後。它在1926年更名捷爾任斯基廣場（Dzerzhinsky Square）。

但是要到了一八六〇年代早期，農民才因為亞歷山大二世的大改革計畫而得以從農奴制度中解放出來。這個國家在工業革命上也是後來者：它的工業在一八九〇年代才起飛，比英國要晚半個世紀，而且非常倚重國家的資助（就像同一時期的日本那樣）和外國投資。

當俄國在一八九七年進行第一次現代的人口普查時，帝國的人口數是一億兩千六百萬，其中有九千兩百萬人住在俄羅斯的歐洲部分（包括今日的烏克蘭和波蘭東部）。其餘的人口主要是由波蘭裔各省和高加索地區瓜分，兩者都是大約九百萬人。然後是西伯利亞和中亞。雖然俄羅斯歐洲部分的都市人口在一八六三年至一九一四年間增加了兩倍，然而一離開西部邊區地帶，都市化和工業化的程度便直直落（波蘭裔各省是帝國最發達的地區）。在西伯利亞，百分之九十二人口是鄉村人口。在帝國十歲到五十九歲的人口之中，少於三分之一的人識字，但這個數字沒反映出男與女、都市與鄉村、年輕人和老年人的巨大落差。在二十來歲的人當中，有四成五的男性識字，但只有一成二的女性識字。在五十多歲的人當中，男性識字率是百分之二十六，女性識字率則僅百分之一。

除了有華沙和里加這兩個高度發展的城市以外（兩者皆會在革命後丟失），帝俄在頓巴斯（Donbass）地區（今日位於烏克蘭）還有著成長迅速的採礦和鍛冶工業，很多都是外資擁有，勞動力主要來自俄羅斯的鄉村。聖彼得堡、莫斯科、基輔、哈爾科夫（Kharkov）和黑海港口城市敖得薩同樣經歷了工業化，裏海邊的巴庫（Baku）逐漸成為一個重要的產油中心。

為了行政管理和人口普查的目的，全人口仍然區分為四個社會等級（貴族、神職人員、市民和農人），每群人各有自己的權利和對沙皇的義務（因為社會等級制早已從西歐消失，所以讓俄國的西化知識分子感覺無比尷尬）。農民階層佔全人口的百分之七十七，是社會的最大等級。市民和其他都市等級只佔百分之十一。知識分子（intelligentsia）——即受過教育的階級——是一個現代現象，所以沒有被包含在等級架構中。

雖然俄羅斯是一個多民族帝國，但民族的概念對沙皇政權來說卻是太新，所以一八九七年人口普查搜集的資訊只包括宗教信仰和母語。帝國人口有三分之二聲稱操俄羅斯語，但這裡的俄羅斯語包括我們現在所說的烏克蘭語和白俄羅斯語，其中只有百分之四十四被列為「大俄羅斯人」（Great Russians）[2]。宗教方面，有七成的人信奉俄羅

2 譯注：即操俄羅斯語的人。在過去，俄羅斯被稱為「大俄羅斯」，烏克蘭和白俄羅斯被稱為「小俄羅斯」。

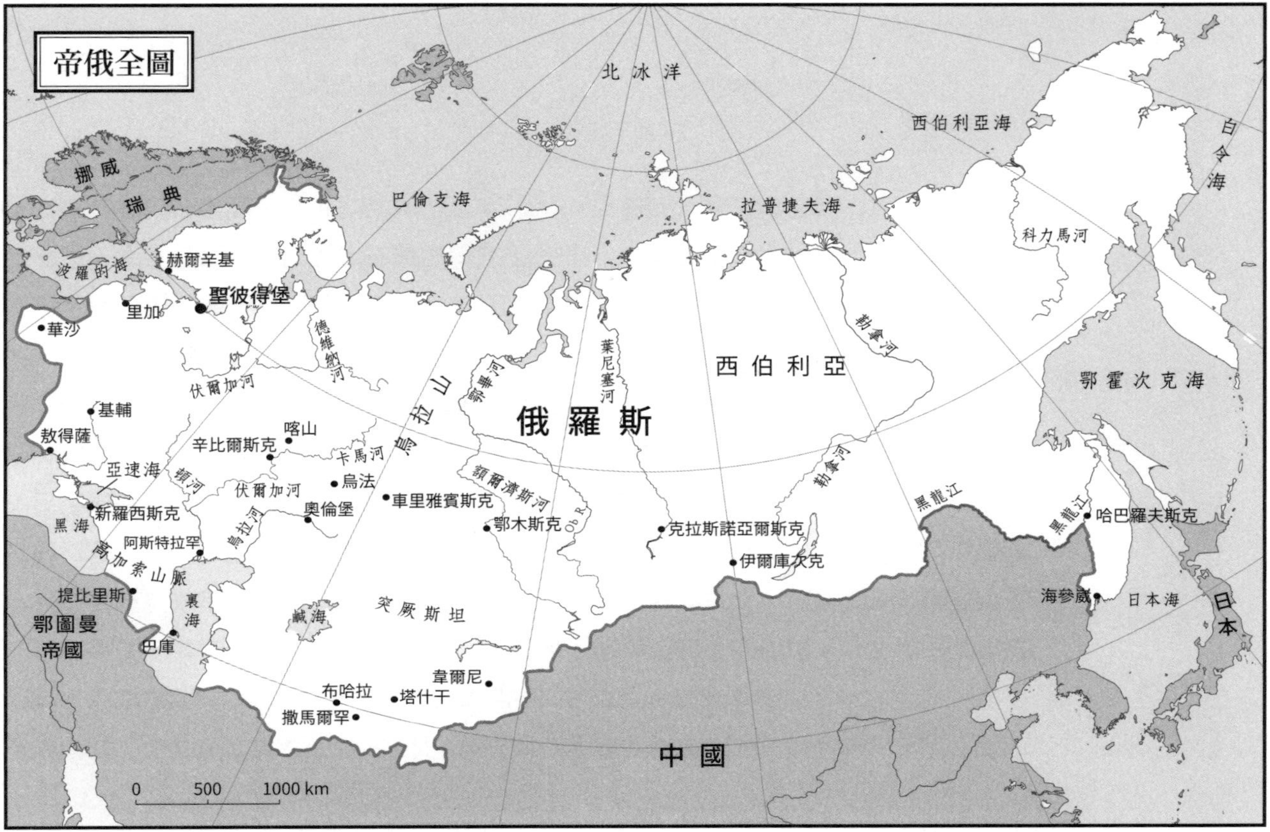
帝俄全圖
北冰洋
西伯利亞海
白令海
巴倫支海
拉普捷夫海
挪威
瑞典
赫爾辛基
波羅的海
聖彼得堡
里加
華沙
德維納河
伏爾加河
烏拉山
鄂畢河
葉尼塞河
西伯利亞
勒拿河
科力馬河
鄂霍次克海
俄羅斯
基輔
敖得薩
喀山
辛比爾斯克
卡馬河
亞速海
頓河
伏爾加河
烏法
車里雅賓斯克
額爾濟斯河
黑龍江
新羅西斯克
奧倫堡
鄂木斯克
Ob R.
克拉斯諾亞爾斯克
哈巴羅夫斯克
黑海
阿斯特拉罕
烏拉河
伊爾庫次克
高加索山脈
提比里斯
裏海
鹹海
突厥斯坦
海參崴
日本海
日本
鄂圖曼帝國
巴庫
韋爾尼
布哈拉
塔什干
撒馬爾罕
中國
0 500 1000 km

斯東正教（包括幾百萬在十七世紀從東正教會脫離的舊禮儀派〔Old Believers〕），有百分之十一是穆斯林、百分之九是天主教徒和百分之四是猶太教徒。

在西歐，特別是在英國，俄羅斯成了不開明獨裁統治的代名詞。這一點也受到獲得英國政治庇護的流亡俄羅斯革命分子的熱烈宣傳。沙皇政府把異議分子放逐到西伯利亞的做法——一如冷戰期間把他們放逐到古拉格集中營的做法——受到整個文明世界的知曉和唾罵。沙皇雖然高高在上，但沙皇權力的脆弱性在一九〇五年變得昭然若揭，當時帝俄先是在日俄戰爭中屈辱地戰敗，然後又爆發了一場席捲全國的革命，花了一年才平定。一九〇五年的革命為俄國的極端分子提供了一則英雄傳奇和一個自發產生的革命機構，即民選的「蘇維埃」（Soviet）。「蘇維埃」的字面意義是議會，兼具行政權和立法權。孟什維克派（Menshevik）的馬克思主義者托洛茨基（Lev Trotsky）因為魅力十足，幾乎即時成為了聖彼得堡蘇維埃的領袖。布爾什維克的領袖列寧也像托洛茨基一樣從流亡中歸國，但卻沒有趕上一九〇五年的革命，所以只扮演一個不起眼的角色。

伺機而動的革命分子

如果你想在俄羅斯搞一場革命，把希望寄託在飽受壓迫的農民身上看似是理所當然。這確實就是第一代革命分子「民粹派」（Narodniks）的思路，他們在一八六〇年代和一八七〇年代執掌激進派的大旗。意識到農民革命在俄國有著長遠的傳統，「民粹派」除了把農民視為未受污染的道德智慧的一個泉源，也視之為沙皇的潛在推翻者。但農民沒有理會「民粹派」的使者，把他們視為和自己沒有共通處的城市菁英的一員。正是這種被農民拒絕的失望讓馬克思主義得以在一八八〇年代的革命運動中興起。做為德國社會主義思想家馬克思和恩格斯的信徒，俄國馬克思主義者為革命的必然性提供了「一個科學的預測」，因為資本主義注定要被社會主義取代。從事工業生產的無產者由資本主義的過程本身創造，是歷史所選擇的革命推手，而這表示農民是不相干的——至少是在理論上不相干。獻身革命過去是基於道德理由，現在則變成了一個近於理性的選擇，奠基於對歷史必然性（historical nescessity）的了解——「歷史必然性」對當時的英語世界來說是一個陌生概念。這些道理是深奧的哲理，只有少數天選的人真正明白，但所有的俄國馬克思主義者和後來的蘇聯馬克思主義者都曉得何謂「歷史必然性」：那就是按原則上應該是的樣子展開之謂（這是相對於在實際上常常發生的「意外」和「自發」事件而言）。

俄國的馬克思主義革命分子認同於工業勞工階級，但起初他們大部分人都是出生於貴族或者知識分子家庭。就像在十九世紀晚期和二十世紀其他發展中國家一樣，在俄國，接受高等教育意謂著西化，又常常會使人激進化。第一個特徵（西化）讓人疏遠群眾，第二個特徵（激進化）讓人產生一種領導群眾的使命感。受過教育而秉持激進觀念的俄國人把「知識分子」的稱號據為己有，不屑地把受過同樣教育但卻為政府工作的人排除在外。（亞歷山大二世的大改革是由一群開明官僚仔細起草的事實被認為不值一哂，因為在有需要徹底革命和精神重生之時僅僅進行改革於事何補？）知識分子的自封任務是批判政府（指任何政府：這一點在沙皇倒台之後變得明顯）和當社會的良心。這當然會讓他們與帝國當局——特別是祕密警察——處於不斷衝突中。對大部分人而言，激進政治並不是一種正職。但少數人變成了全職革命家（常常自學生之日便開始），這讓他們很快就會被捕下獄，遭到流放；但要逃走不難，又如過父母有財，便可以流亡海外。所有的革命派系，不管他們有沒有宣稱他們的社會基礎是農民或工人，都是由知識分子領導，而他們大部分人曾在歐洲流亡很長歲月。

弗拉迪米爾・列寧，原名弗拉迪米爾・烏里揚諾夫（Vladimir Ulyanov），一八七〇年出生於辛比爾斯克（Simbirsk）。辛比爾斯克在一九二四年列寧去世後更名烏里揚諾夫斯克（Ulyanovsk），令人驚訝的是它至今還是這名字。他在念法律期間變得激進，這部分是因為他哥哥被捲入一個反對沙皇的陰謀而遭處決。依我們的標準，烏里揚諾夫家是專業中產階級家庭（他父親是督學，最後獲封非世襲貴族），種族上主要是俄羅斯人，只是也混雜了一點德國人和猶太人的血統。對革命的嚮往讓列寧加入了聖彼得堡的「工人階級解放鬥爭協會」（League of Struggle for the Emancipation of the Working Class），為此遭到國內流放，然後在母親的資助下自願流亡海外。他加入了俄國和其他東歐國家革命分子群體的行列：這些人聚集在倫敦、巴黎、日內瓦、蘇黎世和柏林，生活在破舊的賓館，經常與其他革命分子就雞毛蒜皮的事激烈爭論，提防暗探和線人，生活孤單，長時間在圖書館裡埋首苦讀。

在他的馬克思主義革命團體中，像列寧和他太太娜傑日達・克魯普斯卡婭（Nadezhda Krupskaya）之類的俄羅斯裔數目要少於猶太裔、波蘭裔、拉脫維亞裔和帝國境內其他少數民族（從十九世紀晚期開始，這些少數民族愈來愈受到帝俄當局的騷擾，被迫配合俄羅斯化的政策。）在革命分子圈子中，列寧以不妥協和強烈控制自己的小派系著稱。這個小派系在列寧於一九〇三年炮製的社會民主運動分裂之後被稱為布爾什維克。「布爾什維克」在俄語中意指多數派，他們稱對手為「孟什維克」，意指少數派——這是列寧玩的一記花招，因為孟什維克的人數明明佔多數。

俄國的馬克思主義者遇到一個基本難題：根據馬克思理解的歷史法則，「他們」的革命——他們奉獻性命推動的革命——在歷史行事曆中不是下一個，而是下下一個。這是因為俄羅斯仍然處於資本主義階段的起始處，所以其資產階級太疲弱或者太被動，無法發起資產階級自由化革命，以推翻歷史上早

在這幅1879年的家庭合照中，還是學童的列寧坐在前排最右，他哥哥亞歷山大站在最左。亞歷山大在21歲將會因為恐怖分子的罪名被處決。

已過時的獨裁政體。因此與英國和德國不同，它還沒有成熟得足以進行一場無產階級社會主義革命。孟什維克（除了托洛茨基之類的初生之犢是例外）以非常認真的態度看待這個「時機不成熟」論證（這十之八九也是他們和列寧的主要理論分歧），布爾什維克卻不這樣看。不過我們卻不能因此接受孟什維爾所主張的，布爾什維克是差勁的馬克思主義者。就像他們當權後的行動將會證明的，對階級戰爭和歷史必然性的馬克思主義理解是深印在布爾什維克的領導班子的心裡，而且也有馬克思主義的方法可以給予俄國的無產階級革命以正當性（例如祭出主張帝國主義鏈條最弱的一環將會是最先崩斷的理論）。事實上，任何稱職的革命分子都一定會找出辦法繞過對革命的理論性拘限。

馬克思主義革命分子面對的另一個難題是俄國的無產階級相對弱小。不錯，大型企業是聚集了大量的無產者，但總數仍然少得讓人難為情，在一九一四年只比三百萬多一點點（俄國的總人口在一八九七年已超過一億兩千五百萬）。這個弱點部分得到列寧的革命政黨概念彌補：根據這個概念，革命黨由全職的革命家構成，他們充當無產階級的「先鋒」。這些先鋒的任務是擦亮工人的眼睛，讓他們看見自己的歷史革命使命。而這些工人（現在被稱為「有意識的」[3]工人）跟著又成為蒙昧但常常反叛性強的大眾的先鋒。根據一九〇一年的俄國警察報告，布爾什維克在這方面取得一些成功：在勞工階級當中，「隨和的年輕人被改造成為一種特殊種類的半識字『知識分子』，他們唾棄家庭和宗教，無視法律，否定和嘲笑合法任命的政府官員」，而這一類人在「惰性的勞工大眾」中間獲得了權威地位。

列寧是俄國流亡馬克思主義者中最不妥協的革命分子，也是最獨裁的一個。他不容許他在自己派系中的地位受到挑戰，又堅持革命運動必須有組織和有專業的領導班子，反對寄望於群眾自發性。但他不是一個單面向的人。他太太克魯普斯卡婭是個老師和教育理論家，而列寧至少在某種程度分享她的這個信念：革命的更深目的是啟蒙人民，而為大眾提供學校、識字班和圖書館是一件關鍵性革命工作。當然，列寧也是一個與生俱來的政治家，有著強烈的使命感，總是要忙於派系鬥爭和權力鬥爭。所以，他主要是在政治上無所事事時才有暇念及啟蒙民眾。

第一次世界大戰與革命

一九一七年一月，還在蘇黎世流亡的列寧哀嘆說他已經不指望可以在有生之年看見俄國革命的爆發。這是一個合理的推斷，卻被事實證明是錯誤的。第一次世界大戰並沒有帶給他多少快慰，也沒有帶給國際社會主義運動多少快慰。他們本來希望，如果帝國主義者之間爆發戰爭，工人將會拒絕支持政府，不會對他們的無產階級同志開槍。但實際發生的事情卻剛好相反：工人和很多社會主義知識分子突然間變成愛國者，採取和自己政府一致的立場，全被捲入標誌著大戰早期階段的熱烈民族主義激情之中。列寧的不同尋常處是他繼續主張這是一場無關工人利益的帝國主義者戰爭，又主張對於俄國革命的前景而言，最好的結果是俄國戰敗。這在他的流亡者同志之中不是一個受歡迎的觀點，所以布爾什維克黨進一步分裂。

俄國在軍事上的準備不周很快就變得明顯。帝俄陸軍甚至沒有足夠的步槍提供給每一個被徵召入伍的新兵，而到了一九一五年，隨著德國人把部隊調到東線戰場，帝國很多西部省份地區失陷。吃敗仗、被占領和撤退讓起初愛國的大眾大為震驚。到戰爭結束時，德軍手中共有兩百五十萬俄國戰俘，而這還沒有計算龐大的傷殘人數。平民的死亡人數只略低一點。及至一九一七年二月，俄國軍隊一共徵召了超過一千五百

3 指有階級意識。

萬兵員，大部分是農民，讓婦女得要自己犁田。面對德國人對帝國西部省份的進逼，俄國軍隊把大概多至一百萬的猶太人遷徙至內陸（本來大部分猶太人被規定居住的「欄柵區」（Pale of Settlement）接近西部邊界）。二十五萬德國裔俄國人被如法炮製。另外有大約六百萬難民向東逃往俄國腹地以避戰火。

不滿在政治菁英和軍事菁英中間瀰漫，也在飽受壓力的老百姓和遍體鱗傷的軍隊行伍中瀰漫。沙皇尼古拉二世本來就無能和猶豫不決，現在更是有謠言說他受到太太亞歷山德拉（Alexandra）和他們門客格里戈里·拉斯普丁（Grigori Rasputin）擺布。拉斯普丁為人陰鷙，自稱有能力治療皇太子亞歷克賽（Alexei）的血友病。他在一九一六年十二月被放浪的費利克斯·尤蘇波夫親王（Felix Yusupov）刺殺，親王聲稱此舉是為了捍衛朝廷。軍方將領對局勢深感惶恐，所以找來新近成立的「杜馬」（Duma）[7]的領袖們密商（這「杜馬」是一九〇五年革命催生）。他們決定，既然尼古拉二世對統治者角色明顯興趣缺缺，就應該要求他遜位，也代表兒子遜位，讓位給一個弟弟。眾人期望新皇會有較強有力的領導。尼古拉二世同意退位，但他弟弟卻拒絕繼位，讓密謀者亂了套，因為他們並無備案。這就是所謂的二月革命（發生在西曆的三月初），馬克思主義者將其定位為一場「資產階級自由派」的革命（哪怕密謀者主要是貴族，很少人是自由派）。二月革命產生了一個稱為臨時政府的中途機構，它將會著手召開制憲會議以決定俄國的國體。協約國各國因為巴望俄國繼續對德作戰，馬上承認了新政府。這是臨時政府少有的好兆頭之一。[4]

軍中一般士兵的情緒低落。這主要是因為傷亡慘重、連吃敗仗和離開家裡的時間超出預期，然而部分也是因為沙皇在一九一四年取消了為士兵提供伏特加的傳統規定。這禁令也適用於平民百姓，讓國家失去一個重要收入來源，也導致因為人們把穀物拿去非法釀酒造成麵包短缺。一波民眾的不滿情緒在一九一六至一九一七年間的冬天爆發，一開始是大排長龍買麵包的女工人在彼得格勒引起（這個首都在大戰之初重新命名過，因為聖彼得堡聽起來太德國化），然後傳染到軍隊。厭倦了當炮灰的士兵開始開小差。隨著春天開耕的日子愈來愈接近，愈來愈多的農民士兵離隊回自己的村莊去，他們的軍官無力制止。在大城市，隨著愈來愈多的群眾上街慶祝沙皇遜位，警察開始散退。這是一種古典的革命處境：不是因為革命力量是無可抗拒（哪怕是在抗議力量最強大的大城市也是如此），而是舊政權失去了合法性（在群眾和對菁英階級

4 譯注：議會。

看來皆是如此），警察和軍隊都不再願意賣力。

二月天的興沖沖解放時刻在大眾記憶裡維持了很長時間。現在，街上有革命（至少是有一些喜氣洋洋的示威者），而在馬克思主義者看來很棒的是，這些示威者之中有很多都是工人。一個民眾機構（以一九〇五年的聖彼得堡蘇維埃為藍本，由從各工廠和軍事單位直接選出的代表構成）與臨時政府差不多同一時候誕生。當彼得格勒蘇維埃宣布自己為群眾革命的代表，主張自己有權連署任何發給軍隊的命令

1917年2月彼得格勒的革命示威活動。橫幅上寫著「自由、平等、兄弟情誼」。

時，軍隊覺得別無選擇，只能服從。「雙重權力」（dual power）[5]就這樣出現了，本質上是一種讓臨時政府和彼得格勒蘇維埃分享權力的安排。這種設計讓蘇維埃中的社會主義領導人（起初主要是孟什維克）覺得非常恰當，因為他們深信俄國還沒有成熟得足以出現無產階級革命，所以資產階級自由派應該經歷一個由歷史授意的掌權階段——但當然是在無產階級的監督下掌權。

在革命運動內部，總的情緒是興高采烈、得意洋洋和支持聯合陣線。但有一個孤單的異議者：列寧。他花了一個多月才從蘇黎世穿過前線（戰爭當然仍然在進行中），但他和另外幾個革命分子最終得到德國人允許，乘坐著名的「密封火車」穿過德國領土前往瑞典，然後取道芬蘭回到俄國。他在四月抵達彼得格勒的芬蘭車站，受到一群熱烈群眾的歡迎，其中包括蘇維埃中主張和氣的社會主義者。列寧迅速將支持聯合陣線的快樂情緒澆熄。他大聲疾呼，不應該繼續與臨時政府分享權力。他喊出的新口號是「所有權力歸於蘇維埃！」意指不要理會其他馬克思主義者主張的俄羅斯必須先行經歷資產階級自由派的革命，直接進行無產階級革命。對此感到驚惶的不是只有孟什

5 譯注：可理解為「雙頭馬車」。

維克，布爾什維克黨內有些人也是如此：他們比列寧先回到彼得格勒，曾經表示基本同意聯合陣線的路線。就連列寧的太太也感到驚愕，據稱她對一個站在附近的老同志低聲說：「伊利奇瘋了。」

接下來幾個月，經濟形勢惡化，軍隊逃兵大量增加，示威的工人、士兵和水手塞滿彼得格勒和莫斯科的街道。臨時政府和軍方最高指揮部拚了老命整頓軍隊，希望可以讓他們投入夏季的戰鬥。在彼得格勒，布爾什維克的不妥協立場吸引到示威者，成員人數和影響力急速增加，有些行動取向的孟什維克（托洛茨基是其一）脫隊加入布爾什維克的行列。不過，在七月初，繼一場示威所引發的鎮壓之後，列寧覺得有必要逃往芬蘭以免被逮捕。律師克倫斯基（Alexander Kerensky）——他是一個社會主義小政黨的成員——接替李沃夫親王（Prince Lvov）成為臨時政府的首腦。但軍隊和首都的情形卻未能改善，德國人繼續挺進，在八月攻取里加（拉脫維亞首府，當時仍然是俄羅斯帝國一部分）。至此，德軍對彼得格勒逼近得讓人坐立不安。

九月上演了一齣大戲：不久前被克倫斯基任命為總司令和被責成整頓軍紀的拉夫爾・科爾尼洛夫將軍（Lavr Kornilov）發動了一次未遂軍事政變。科爾尼洛夫和克倫斯基的關係（就像七十三年後戈巴契夫和一九九一年八月政變領袖們的關係一樣）非常不明朗：有可能科爾尼洛夫自認為他是為克倫斯基著想而不是反對他。不管怎樣，政變失敗了，這是因為鐵路工人迅速採取行動，不讓科爾尼洛夫的部隊抵達首都。但克倫斯基的聲望已經嚴重受損。

在托洛茨基的支持下，列寧斷定是時候放手一搏，奪取示威者自七月以來便在街上呼籲他奪取的權力。十月革命幾乎就像二月革命一樣順利和無聲無息，儘管後來的傳說把它描繪得更加大膽和血腥。一個全國性蘇維埃大會在彼得格勒一間女子學校舉行（托洛茨基在彼得格勒蘇維埃內部做了所有必要準備工作），列寧從他的芬蘭隱匿處走出來，宣布布爾什維克領導的蘇維埃奪權行動成功和廢除臨時政府。孟什維克們憤而離開大會會場，但因此而受損的只有他們自己。這時克倫斯基已經假扮成女人逃亡海外。

在很多人看來，「權力歸於蘇維埃」一語意謂著某個蘇維埃機構（例如彼得格勒蘇維埃或某些由蘇維埃大會選出的施政機構）將會接掌國家的領導權。然而讓他們嚇一跳的是（被嚇一跳者包括很多布爾什維克黨人），新政府是一個由一些所謂人民委員（commissars）組成的委員會（形同內閣），其剛獲任命的成員由列寧的發言人向大會宣讀。所有委員都是布爾什維克，列寧是主席。布爾什維克大權在握。

布爾什維克統治的確立和內戰

雖然布爾什維克自己一定會熱烈否認，但十月革命是一場易得手的勝利。在戰爭中敗北讓舊政權信用盡失，臨時政府也因為不肯退出大戰而失去人心。戰爭的緊急狀態讓幾百萬不滿的人（很多都是有槍的）集中在城市和駐軍裡，讓革命分子有很多支持者可以爭取。工人也是以相對小的數目高度集中在大城市，使得在那裡搞革命組織變得較為容易。尤有進者，很多俄國最大的資本主義企業都是外資擁有，這意謂著他們的一些老闆和經理在大戰爆發之初已經離開，而剩下的一些也很容易驅逐。不過布爾什維克十月在彼得格勒的奪權當然只是開端，仍待看的是他們能否保住這權力、把它擴延至俄羅斯其他部分和學會怎樣管治。

本著馬克思主義者一絲不苟的態度，布爾什維克稱他們新建立的統治為「無產階級專政」，其任務是以黨做為工具帶領國家通過過渡時期，直至國家準備好成為共產主義為止。批評者也許會質疑現在掌權的是不是真的是無產階級，但在內戰的環境中（內戰在一九一八年年中爆發，持續了兩年多），布爾什維克的無產階級成色只是個次要的問題。「專政」是個更突出的概念——事實上除了有一些議會成分做裝飾以外，這專政就是布爾什維克的專政。布爾什維克預料它會受到舊有統治階級、舊有地主階級和都市資產階級的反對，不諱言他們準備用恐怖手段對付這些「階級敵人」。為了這個目的，「全俄肅清反革命及怠工非常委員會」（簡稱「契卡」〔Cheka〕）在一九一七年十二月成立。

打著維護社會公道的旗號，「契卡」強制沒收資產階級和貴族的財產，包括他們的別墅和公寓。要找到自願參加抄家隊的低層階級一點都不難。事實上，布爾什維克在一九一七至一九一八年碰到的一個小問題是一般罪犯會假裝成為沒收人員以沒收的名義，把資產階級的公寓據為己有。當布爾什維克意識到這件事之後，他們譴責犯事的人是「無知的無產者」（lumpen proletarians），不是勞工階級的真正成員。但因為「無知」只是馬克思主義用來貶稱欠缺正確社會主義意識的無產者，外人很難分辨誰是無知的無產者，誰是貨真價實的無產者。

很多革命行動都是發生在大城市，所以布爾什維克對大城市的控制最為牢固。在缺乏有效政府控制的鄉村地區，農人自行報宿怨。他們趕走地主，縱火焚燒他們的宅邸。當這種工作大體完成後，他們常常把矛頭轉向他們社群中較富有的成員，即所謂的「富農」（kulaks）：「抄沒」富農是新興的時髦用語。

內戰的雙方都血腥而殘忍，引起了複雜的悲憤和哀痛。西部地區的猶太人受到比沙俄時代還要野蠻的暴力攻擊。無政府和混亂狀態支配著這些省份。反布爾什維克的「白軍」在邊陲地區組成，希望推翻布爾什維克，恢復舊政權。他們由帝俄時代的軍官率領，多多少少受到俄國前戰友（英、法、美）和日本的積極支持。在烏克蘭人省份，面臨德國的入侵（後來又面臨波蘭的入侵），烏克蘭民族主義者、布爾什維克、無政府主義者和白軍輪流建立了一些搖搖欲墜的政權（基輔一年內就易手了五次）。孟什維克在一九一八年年中在喬治亞奪權，同時對抗鄂圖曼土耳其人和亞美利亞人。布爾什維克在巴庫建立了一個公社，但其領導人後來被英國處決。拜一批坐火車路過的捷克人戰俘之賜（他們是社會主義者但反對布爾什維克），一個短命的伏爾加共和國在薩馬拉（Samara）成立——這批戰俘本來是要坐火車一直坐到海參崴，再坐船繞地球大半圈到西線加入協約國的軍隊。日本人把數以萬計的部隊派入俄羅斯的沿海省份和西伯利亞。

布爾什維克在一九一八年春天為了讓俄國從歐戰脫身，不惜付出重大代價。與德國人在布列斯特－立陶夫斯克（Brest-Litovsk）簽署的懲罰性條約本來會讓他們失去很多寶貴的烏克蘭土地，所幸德國在八個月後被打敗，讓條約成為廢紙。但布爾什維克還沒有脫離戰爭的糾纏，因為在他們奪權之後不到半年，內戰爆發了。當然我們也有理由主張，他們並不是全然不想打一仗。直到這個時候為止，軍事勇武都不是布爾什維克的著稱本色的一部分。他們甚至沒有一個準軍事傳統。然而，與「白色」敵人戰鬥的熱情很快就在黨和它的支持者中間出現。列寧本人十之八九也認為，在內戰中戰勝是合法化布爾什維克政權的好方法。不管怎樣，內戰都是無可避免，即便沒有沙皇一家被殺一事火上加油一樣是如此——沙皇與其家人於一九一八年年中在烏拉山脈東麓葉卡捷琳堡（Ekaterinburg）遭到處決（決定出自地方黨部，但至少得到中央的默許）。前帝俄的將領因為失業，都想要一戰，而協約國各國（它們從一九一八年十一月起便擺脫了歐戰的包袱）都樂於支持。

在托洛茨基的領導下，布爾什維克成功創建一支稱為「紅軍」的新軍。其規模到內戰結束時已達五百多萬，是國家最大的僱主，在全國很多地方都是比民政機構更有效率的行政單位。紅軍之所以能夠徵得龐大兵員，是因為內戰通常是小規模的零星交鋒而不是戰壕間的大規模血腥對峙，所以死傷遠少於帝俄時期的軍隊。而且布爾什維克比較能夠容忍逃兵（逃兵常常會在播種或收成後自動歸隊）。無論如何，只有少部分領軍餉的人是從事實際的戰鬥任務。至於白軍方面，他們的軍官人數綽綽有餘，但

白軍的宣傳海報，題為「蘇維埃土地上的和平與自由」。其中托洛斯基被刻畫為一個紅魔鬼。

在招募一般士兵上卻比紅軍困難很多，而他們從協約國所收到的支援物資雖然沒有多得足以扭轉戰局，卻顯眼得足以引起俄國民眾對外國干涉的憤怒。

紅軍在一九二〇至一九二一年間的冬天徹底打敗白軍。這個結果常常被歸因於農民的好惡，他們因為害怕地主的再起而支持紅軍。帝國境內的非俄羅斯裔八成也是如此。他們對於白軍主張的「一個和不可分割的俄羅斯」毫無好感。白軍部隊之間互不協調，又常常領導非人。它的另一個不利之處是分散在邊陲地區，而這個國家的運輸網和分配網卻是由中央向四周放射。內戰的結束導致白俄大量越過南部邊界出逃，定居在南斯拉夫、捷克斯洛伐克和保加利亞，或者越過東部邊界前往中國，其中很多人最終去到哈爾濱，讓哈爾濱形同滿洲的一個俄國城市。這一兩百萬的移民（其中包括很多菁英）對新政權來說是一大人才損失，但也因此永久除去了政治上的隱患。

在一九二一年初雖然仍有一點掃蕩工作要在中亞、高加索和遠東地區進行，但內戰的結果已經清晰分明：紅軍贏了，而他們統治的領土並沒有比帝俄時代大量減少。波羅的海三小國和芬蘭被允許脫離。波蘭裔省份——帝俄最都市化和工業化的部分——在紅軍和新波蘭國軍隊的一次軍事衝突後失去。紅軍的這次敗北讓布爾什維克的領袖們上了很好的一課：當波蘭工人在一九二一年看見蘇維埃部隊逼近華沙時，他們是把紅軍視為入侵者而非無產階級解放者。

一九二二年的共產黨成員有百分之七十二俄羅斯裔、百分之六烏克蘭裔、百分之五猶太裔、百分之三拉脫維亞裔和百分之二喬治亞裔。這表示每一千個蘇聯公民就有大約三個是共產黨員，而猶太裔、喬治亞裔和俄羅斯裔的佔比要比人口數高，烏克蘭裔的佔比要比人口數低。俄羅斯人在黨中所佔的大比例是內戰時期招募的結果，它讓黨內俄羅斯人的總人數從一九一七年的二萬四千人增加至一九二一年三月的七十萬人，讓共產黨第一次成為一個民眾政黨。與一九一七年前的情況不同的還有它現在壓倒性是一個男性政黨，以在內戰中的戰鬥回憶做為黏著劑。在一九二二年初，女性黨員的人數少於百分之八。

布爾什維克領袖們對於國家領土和舊帝國的大體相當有一點不自在，擔心會被它的前屬民誤會為俄羅斯帝國主義者。列寧反覆強調必須極度溫柔對待非俄羅斯裔，避免「最小的粗魯或不公道」，以免被認為是一種民族欺壓。他對於如何處理喬治亞裔與史達林發生衝突——喬治亞裔在波蘭裔脫離蘇聯後是民族性最強的民族。史達林雖然是喬治亞人，卻看不慣喬治亞共產黨人因為民族尊嚴而反對讓喬治亞人加入高加索聯邦。從他的觀點看，事情非常簡單：如果舊帝俄的邊陲地區不再隸屬於新的革命國家，就會給國際革命運動帶來傷害，因為這些地區「無可避免將會落入國際帝國主義的陰謀集團手中」。所以它們只有一個二選一的選擇：要麼留在俄羅斯，這表示從帝國主義的牛軛中得到解放，要麼歸附協約國，那樣帝國主義牛軛就是無可避免。不存在第三個選項。它們在舊帝俄領土上的聯合將會是通向一個「世界社會主義蘇維埃共和國」的第一步。

2

列寧主政的歲月和接班鬥爭

THE LENIN YEARS AND THE SUCCESSION STRUGGLE

★

根據布爾什維克寫歷史的方法，他們是以一個勞工階級的政黨的身分奪得政權。這不是純粹的空想：莫斯科和彼得格勒七月街頭上的人群是支持他們的，而該黨也有新成員源源不斷流入。一九一七年十月，他們在新選出的全國蘇維埃大會上有最大數目的代表。在十一月舉行的制憲會議選舉中，他們居第二，獲得全國四分之一的選票，僅次於關注農民的「社會主義革命黨」。但到了十二月，後者便分裂了，好些該黨的左派人士脫黨加入了列寧的政府。

然而，布爾什維克的代表制觀念顯然是非議會式的。他們把自己的黨視為是勞工階級所選擇的代表，而這種選擇是一次性的歷史選擇，雙方的聯合一經選擇便是不可解除。布爾什維克不能想像當工人對新政權不滿的時候會轉而尋求其他黨派做為他們的政治代表。但在經濟和軍事形勢都極端惡劣的情況下，這樣的不滿卻極有可能出現。事實上，這樣的苗頭已經出現：最晚從一九一八年春天起，人們便開始對其他社會主義政黨產生興趣。到了一九二〇年底，克隆斯塔特（Kronshtadt）的水兵——他們在一九一七年是布爾什維克的堅定支持者——帶頭造反，呼籲成立「一些沒有共產黨人的蘇維埃」。（布爾什維克在一九一八年把自己重新命名為俄國共產黨，又將在一九五二年改稱蘇聯共產黨。）克隆斯塔特的造反是對布爾什維克一次可怕打臉，但它並沒有讓他們改轅易轍。透過「無產階級專政」領導俄國走出落後而走入社會主義的權力已經落在了他們手裡，他們不準備放手。

工人的不滿並不只是布爾什維克在勞工階級所遇到的唯一難題。一個更讓人惶恐的可能性是這個階級正在解體。曾經在革命年頭充當臨時無產階級的帝俄士兵與水手已經復員。至於在工廠工作的工人，他們有一些現在生活在西部邊界的另一邊，而很多還留在俄羅斯和烏克蘭的工人則從城市消失，回到故鄉靠家傳的土地維生。這不是馬克思理解中的無產階級的行事方式，而布爾什維克也輕易就忘記了俄國的第一代無產階級仍然和農民有著強烈紐帶。這表示當工廠關閉和飢餓在都市肆虐時，工人可以選擇回鄉當農民去。至於那些積極支持布爾什維克的「有意識」工人，他們很多自願加入紅軍或充當全職黨工[1]。隨著內戰結束，勝利者環顧四周尋找原做為他們社會基礎的階級，卻發現它已經不見了。布爾什維克的一個政治對手這樣嘲諷說：「容我恭喜您成為一個不存在階級的先鋒。」

1 譯注：因而不再是工人。

布爾什維克和農民的關係是崎嶇的，但這至少是一個可預知的問題。布爾什維克曾經允許農民搶奪土地，這提高了他們在農村地區的地位，不過他們徵收穀物去餵養城市和軍隊之舉（由持槍工人和士兵近乎無償地執行）卻廣受仇恨。布爾什維克習慣把農民分裂為對立陣營之舉也是如此。布爾什維克假定階級剝削就像存在於城市那樣存在於鄉村，富農是剝削者而貧窮農民是受害者。但農民大多反對這種階級模型，因為他們的村莊是個統一的共同體，透過傳統的鄉村組織「村社」(mir)與外界打交道。在烏克蘭，布爾什維克除了要對抗白軍，還得對抗一支由內斯托爾・馬赫諾（Nestor Makhno）領導、稱為「黑軍」的農民軍。俄國中部城市坦波夫（Tambov）爆發了一場大型農民起義，當局動用了五萬紅軍才得以敉平。

在內戰尾聲，紅軍成了蘇聯行政管理的骨幹，也是農民士兵的識字學校和未來共產黨幹部的訓練所。但紅軍不可能無了期執行這些功能。因為是革命史的熱情研究者，布爾什維克充分意識到當拿破崙（一個革命軍的前中校）一稱帝，法國大革命就完蛋了。絕不能讓這種事在俄國歷史重演。到了一九二一年初，已經有兩百萬人從紅軍復員，而政治局將會很快把充滿魅力的軍隊領導人托洛茨基調任他職。

內戰的結束讓布爾什維克準備怎樣管治國家的問題突顯出來。在這之前，幾乎沒有人想過這件事情。這部分是因為，在早年，大家都衷心認為有希望爆發一場國際革命，讓建立一個單獨的俄羅斯革命政府成為不必要。但到了一九二〇年代早期，在一戰後席捲歐洲的革命活動明顯已經沉寂下來，俄國將要踽踽獨行。但相信國際革命會在未來發生仍然是一條信條，而「共產國際」之設便是為了證明這一點。（共產國際成立於一九一九年，是要在莫斯科的領導下聯合全世界的共產黨人。）蘇聯和共產國際現在除了放眼西面也放眼東面。一九二〇年九月，巴庫舉行了一場「東方人民大會」，宣稱要與被殖民剝削的受害者團結一致，支持他們的解放運動。然而

海報「富農與教士」，圖中的富農有一個豬鼻子。Viktor Deni所繪。

由於革命到目前為止都只在俄國一地獲得勝利，所以現在有必要為後來史達林所稱的「一國社會主義」進行規畫設計。

布爾什維克相信，長遠來說革命將會讓人人都有工作，得到免費教育、醫療照顧和社會福利保障——但由於國家的貧窮和戰後的混亂，這些東西無一可以馬上提供給每個人。短期來說，能提供的只有「無產階級專政」。這一方面表示布爾什維克以一個有效的一黨政府進行統治（「社會主義革命黨」的左派人士已經在一九一八年年中脫離政府，而其他的社會主義政黨也逐漸被消滅），另一方面表示在國家稀有資源的分配上工人有優先權。現在一如過去，「專政」一詞通常意謂著由一個擁有獨裁權力的人進行統治：拿破崙是一個歷史上的例子，墨索里尼（他靠著一批有意識形態信仰的徒眾撐腰）是一個當代的例子。蘇聯報章對墨索里尼以「公爵」（Il Duce）自居語多取笑，而個人獨裁也斷然不是列寧心目中的理想情況。在黨的政治局裡，儘管列寧因為是黨的創建者而位高權重，但他總是堅稱他不過是「同儕之首」（first among equals）。[2]

然而在一九一七年十月，列寧卻讓自己成為了政府（人民委員會）的首腦，而且設想好人民委員會將會是新體制裡的最高權威。只是事情有別的演變。把政府各部長更名為「人民委員」並不能掩蓋他們是沿襲自沙皇的官僚體系的事實，而僱用非共產黨員的「專家」也進一步破壞了他們的地位。黨很快就在區域和地方建立起一個平行的網絡，由全職的黨員運作，他們成爲了競爭最高權力的強大對手。從內戰結束起，地方的黨書記通常都是一地的一號人物，而地方蘇維埃的主席則是二號人物。在中央，同一個過程花了稍長一點的時間，因爲列寧做爲政府的首腦而擁有獨一無二的權威。但到他在一九二四年死去之時，政治局已明顯具有支配地位。

一九二〇年代前半葉的政治局由大約十人組成，他們都是由黨中央委員會選出。（中央委員會本身又是在大約每年一度的黨大會中由黨的地方分支的代表選出。）其功能是在重大政策議題上下決定——但除了政策以外，還有人事任命的工作，這對新政權的確立來說是個緊急的任務。最高級的黨職、政府和軍事職位的任命，都必須得到政治局的同意。但在這個層次之下，有一個機構負責爲全國的黨官僚系統派任人員。這件事由中央委員會的書記處主持。從一九二二年起，這書記處都是由總書記史達林領導，他也是政治局成員。由他任命的最重要職位是各區域和各地區的黨書記：他們是「無產階級專政」的地方執行者。

2 譯注：自謙之詞，表示自己「基本上」與其他政治局成員平起平坐。

新機構大量產生，每個都有自己讓人看不懂的縮寫（例如Tseka、Ispolkom、Sovnarkom、VtsIK[3]），既令當時人感到困惑，也成為了傳聞軼事取笑的對象：一件軼事是說知名戲劇導演康斯坦丁．史坦尼斯拉夫斯基（Konstantin Stanislavsky）把GUM（莫斯科一家國營百貨公司）和GPU（國家政治保衛總局）混為一談。不過就連革命機構都習慣了滑入熟悉的模式。隨著體制安頓下來和歷史先例的靜悄悄復甦，各區域和各共和國的第一書記變得與沙皇時代的省長無異：一大原因是他們大權在握，做事僅需要中央（黨書記處和政治局）的贊成。

各層次的蘇維埃皆淪為次要角色。在全國性層次，在一九三〇年代被稱為「最高蘇維埃」的民選機構發揮著準議會的功能，其代表（由黨提名）都是經過慎選，工人、農民、少數民族和婦女各有合乎比例的代表。在兩次世界大戰之間時期，最高蘇維埃的主席（也是象徵性國家元首）是米哈伊爾．加里寧（Mikhail Kalinin）。他出生於工人和農人家庭，是受尊敬的黨國元老。在地方的層次，蘇維埃執行委員會——其成員現在是由中央任命而不是由地方選出——變成了中央人民委員的區域性和地方性分支。

在最初幾年，布爾什維克的領導階層拚老命要設計出一個行得通的新體制。他們面臨巨大的難題，特別是要找到同時能明白指令又能發揮主動的信得過的幹部。列寧常常被認為說過「任何廚子都可以管理好政府」這話。不過，在回應「資產階級」的批評時，他卻指出自己既沒有愚蠢到相信任何廚子未經訓練就可以管理好政府，也沒有有偏見到認為只有出生在特權階級的人才有這種能力。事實上，布爾什維克的策略是利用「有意識的」工廠工人——不是都市社會的最底層而是一個中間的社經階級，大概位於俄國人口頂端的百分之十五之內的——做為行政管理人員的主要來源。至於廚子，可以等到訓練過並且提高他們的意識之後再加以起用。

紅軍是布爾什維克幹部的另一個重要來源。一九二〇年代初的復員讓大批的士官和識字士兵把他們在服役期間接觸到的布爾什維克觀念帶回到城市和鄉村，準備好扮演領導角色。一個始料不及的後果，就是給一個本來是平民心靈的政黨帶來若干程度的文化軍事化。有時，五十歲的列寧看似是黨內唯一仍然穿西裝的人。一九二〇年代典型的布爾什維克是一個有內戰經驗的年輕人，穿著軍靴和軍服，頭戴工人鴨舌帽。扮演同樣角色的女性人數相對較少，但她們也是一樣穿著，至少是儘可能穿得像男性。

3 譯注：Tseka是「蘇共中央委員會」，Ispolkom是「彼得格勒蘇維埃執行委員會」，Sovnarkom是「蘇聯人民委員會」，VtsIK是「全俄羅斯中央執行委員會」。

新經濟政策

內戰期間，為了回應意識形態和戰時經濟的實際需要，布爾什維克國有化了城鎮中每一種看得見的東西，包括買賣。有鑑於布爾什維克的政令在大城市之外很吃不開，村莊的事務基本上是由村莊自己管理，雖然他們會受到紅軍定期性的徵糧（如果是處於白軍控制的地區則是被白軍徵糧）。歐戰期間在城市引入的補給制度繼續實施，而就像任何實施補給制度的地方一樣，黑市大行其道。凶猛的通貨膨脹讓貨幣大幅貶值：有些熱忱之士認為這是馬克思所說的金錢將會在社會主義底下消失的徵兆。

托洛斯基、列寧、加米涅夫（Kamenev）在內戰期間巡視波蘭戰線的紅軍，1920年5月5日。注意列寧穿著平民服裝，另外兩人穿著軍裝。

管理的失能和混亂同樣可以被解釋為政府正隨著社會主義的來臨而消失。這是列寧在一九一七年中葉才為文討論過的，但在內戰期間，政府的消失卻正是列寧最不樂見的事。政府必須要強大（一種無產階級專政），而且最緊急的是，它需要有效能。

共產黨後來打贏了內戰，但這是地平線上的唯一亮光。都市經濟和工業基本建設都一塌糊塗。國家受到西方列強的杯葛，它們不肯原諒俄國在關鍵時刻退出歐戰。「無神論的共產主義」在西方的教堂裡受到譴責，而有關共產分子食人肉和「妻子公有化」的謠言四處流傳。一則特別在德國和東歐流傳的謠言有一暗示：就像反猶太書籍《錫安長老會紀要》所預言過的那樣，現在在俄國奪權的野人是一群猶太人。這種說法因為沒有太離譜而讓布爾什維克感到不自在。話說，十月革命之後，因為不再被困在「柵欄區」[4]，大量的年輕猶太人從西部地區湧入莫斯科和彼得格勒。他們大批大批加入共產黨，在新的行政管理系統中晉升迅速。除了拉脫維亞裔以外，猶太裔的黨員數目最超過人口比例（猶太裔在一九二七年佔總人口百分之一．八，在黨員中卻佔百分之四．三）。在一九二一年三月第十次黨代表大會選出的中央委員會就像俄羅斯帝國那

4 譯注：帝俄在國境西部劃定的一個地區，規定猶太人只可生活在該區。

樣是個多民族的構成體，包括了喬治亞裔、猶太裔、烏克蘭裔、拉脫維亞裔和其他民族，但佔大宗的是俄羅斯裔。然而，在政治局五個有投票權的委員中，有三個是猶太裔（托洛茨基、格里戈里．季諾維也夫〔Grigory Zinoviev〕、列夫．加米涅夫〔Lev Kamenev〕），一個喬治亞裔（史達林），只有一個是俄羅斯裔（列寧）——儘管三個候補委員（尼古拉．布哈林〔Nikolai Bukharin〕、加里寧、維亞切斯拉夫．莫洛托夫〔Vyacheslav Molotov〕）也是俄羅斯裔。

布爾什維克堅定追求工業現代化（馬克思主義認為這是社會主義的先決條件），而他們計畫透過國家經濟計畫的幫助達成目標。計畫經濟是和平時期的一項概念創新，不過在一次大戰期間曾被德國和其他交戰國用作權宜之計。然而，在一九二一年，有些緊急的經濟任務遠遠超過了俄國的襁褓規畫機構的處理能力。列寧因此斷定，部分恢復市場是唯一的即時選項（不過此舉被理解為一種戰略上的暫時撤退）。在這種「新經濟政策」下，政府繼續掌控銀行和大型工業企業，但零售業和小型工業交還給私人或公司行號，而農民再一次可以在市場上販售農產品。這一步讓共產主義的熱忱之士大感失望，需要列寧運用全部的權威才能貫徹實施。

此舉讓城鎮的小型商業和貿易迅速復甦，但同時迅速復甦的還有布爾什維克不樂見的都市生活的一些方面：餐廳（資產階級和他們穿皮草的妻子常常光顧）、夜總會和賣淫。布爾什維克痛恨新的小商人階級，稱之為「耐潑曼」（Nepmen），不只認為他們是階級敵人，還認為他們是騙子，這倒不是完全沒有根據，因為「新經濟政策」經濟保留了它所取代的黑市的很多特徵，包括仰賴用任何必要手段從國營企業貨倉搞來的商品。工業——特別是大型工業——主要因為資本短缺而步履蹣跚：這是由於新政府手頭拮据，本土資本家已經走光，而俄國又不再歡迎外資。

Тов. Ленин ОЧИЩАЕТ
землю от нечисти.

列寧掃除渣滓沙皇教士和資本家都是渣滓。

在非俄羅斯裔的共和國與區域，主要工作是整合歷史上信奉伊斯蘭教的中亞地區，那裡的對抗主要是傳統觀念和蘇聯觀念的對抗，特別是對女性要不要戴面紗之爭。蘇聯的民族政策區分「落後」的族群（例如烏茲別克裔和巴什基爾裔）和那些文化水平不亞於或高於俄羅斯裔的族群（例如烏克蘭裔、喬治亞裔和猶太裔），但「本土化」在到處都是關鍵詞（「本土化」指使用在地語言並教育及起用在地幹部）。甚至包括在烏克蘭也是如此——負責執行烏克蘭本土化政策的人是拉扎爾．卡岡諾維奇（Lazar Kaganovich），他是猶太人，但因為小時候是住在烏克蘭鄉村而會說結巴的烏克蘭語。

一些外國觀察者受到「新經濟政策」的鼓舞，相信俄國正在從革命狂熱中復甦，回歸正常。這正是布爾什維克領袖們所害怕的：在政治上贏得革命，但在經濟和社會上輸掉革命。西方遞來一些橄欖枝，表示願意透過寬免沙皇時代欠債（布爾什維克拒絕認帳），重啟關係和恢復貿易。但在這個問題上，列寧立場堅定，認為外貿必須繼續由國家壟斷，以免帝國主義者會像沙皇時代那樣利用貿易來把俄國拉進一種半殖民的屈從狀態。這種對外貿的態度的一個附帶後果是緊閉國門，以防止跨邊界走私活動（走私活動在革命後最初幾年非常蓬勃後），後來又是為了將危險的西方觀念摒諸門

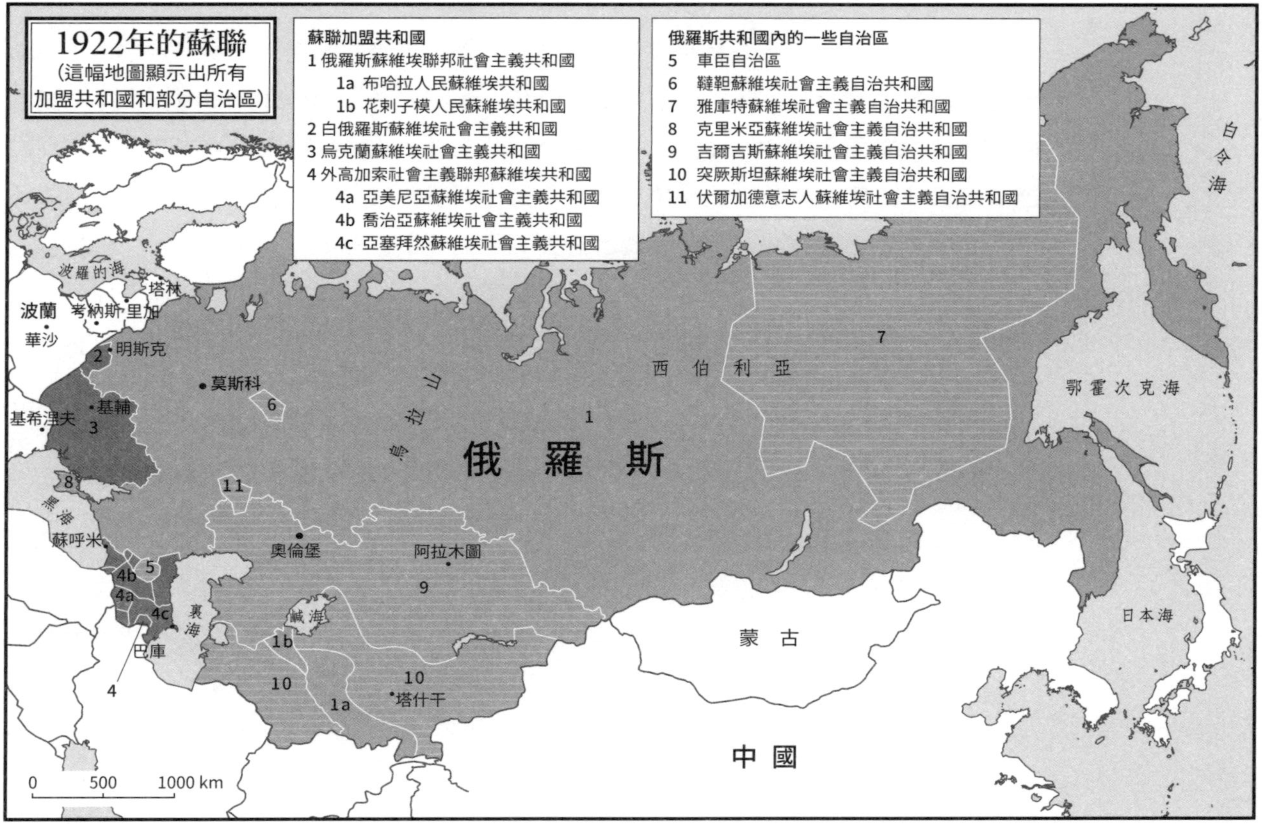
1922年的蘇聯
(這幅地圖顯示出所有
加盟共和國和部分自治區)
蘇聯加盟共和國
1 俄羅斯蘇維埃聯邦社會主義共和國
1a 布哈拉人民蘇維埃共和國
1b 花剌子模人民蘇維埃共和國
2 白俄羅斯蘇維埃社會主義共和國
3 烏克蘭蘇維埃社會主義共和國
4 外高加索社會主義聯邦蘇維埃共和國
4a 亞美尼亞蘇維埃社會主義共和國
4b 喬治亞蘇維埃社會主義共和國
4c 亞塞拜然蘇維埃社會主義共和國
俄羅斯共和國內的一些自治區
5 車臣自治區
6 韃靼蘇維埃社會主義自治共和國
7 雅庫特蘇維埃社會主義自治共和國
8 克里米亞蘇維埃社會主義自治共和國
9 吉爾吉斯蘇維埃社會主義自治共和國
10 突厥斯坦蘇維埃社會主義自治共和國
11 伏爾加德意志人蘇維埃社會主義自治共和國
波羅的海
塔林
波蘭
考納斯
里加
華沙
明斯克
莫斯科
基輔
基希涅夫
黑海
蘇呼米
裏海
巴庫
鹹海
奧倫堡
阿拉木圖
塔什干
烏拉山
俄羅斯
西伯利亞
蒙古
中國
日本海
鄂霍次克海
白令海
0
500
1000 km

外。結果就是，一種自加的遺世獨立在某種程度上幾乎貫徹蘇聯的全部歷史，反映出蘇聯在和西方打交道時既自大又自卑的典型心態。

列寧絕不容許放鬆的經濟政策帶來政治放鬆。他指出經濟放鬆就好比一支軍隊正在進行戰術性撤退，為防止撤退變成崩潰，軍紀必須一絲不苟。到內戰結束時，俄國已實質上有了一個一黨制的體制，所以主要可能發生衝突的舞台就在黨本身。在革命之前列寧從不容忍黨內有太多異議，但在一九一七年和當權的頭幾年，他無可奈何地在好些議題上保持忍耐，包括要不要在十月奪權的問題（季諾維也夫等人持懷疑態度）、是否要與德國人在一九一八年簽署《布列斯特—立陶夫斯克條約》的問題（布哈林和「左派共產主義者」反對），以及在內戰期間是否可藉助舊帝俄軍官（「資產階級專家」）的問題（托洛茨基贊成，史達林反對）。

到了一九二〇年底，派系鬥爭不只成了黨內的實踐慣例，還產生一個關係原則性的議題。一群自稱「民主派中央集權者」的人主張應該讓黨內有更多民主，而列寧則認為黨內已經有太多民主。如果「民主派中央集權者」得勝，黨有可能會變成一個追求各自目標的眾多有組織派系的大雜燴，凡事由表決決定，表決結果是所有人都必須服從。但這樣的多元主義卻有違大多數基層布爾什維克黨人的意願，他們樂見的是果斷而不是民主的領導，也對高層的意見不一不以為然。不管怎樣，列寧都不準備讓這樣的事情發生。在第十次黨大會上，他厚顏地動員自己的派系（包括史達林和政治局候補委員莫洛托夫）推動一個稱為「有關黨的團結」的決議案，禁止一切派系。這讓列寧一派有了有用的武器，可以對付對手，指控他們違反了對派系主義的禁令。不過，以為這個決議案可讓派系自此從黨內消失卻是太過天真。事實上，派系在整個一九二〇年代都繁榮得前所未有——然後才被史達林所捻熄。

如今該往何處去？

在回顧中，一九二〇年代常常被緬懷為多元主義和放任態度的黃金時代。但「黃金時代」卻不是當時的人的感覺。與其之為黃金時代，不如說是焦慮時代。工人們都擔心失業，農人（又特別是年老的一些）被布爾什維克的西化詞語和陌生參考架構弄得糊裡糊塗：誰是Karlo-Mars[5]？何謂levoliutsiia[6]？（這是把revoliutsiia誤聽成

5 譯注：卡爾・馬克思。
6 譯注：革命。

levoliutsiia，但 revoliutsiia 同樣費解。）為什麼有些來自城市的年輕人自稱為 komsomoltsy（共青團成員）又取笑神職人員？如果列寧是新沙皇，為什麼大家不這樣喊他？為什麼布爾什維克的「婦女部」想盡辦法把農家和勞工階級婦女從合乎她們身分的領域拉進公共生活，又為什麼男人現在可以用所謂「明信片離婚」的方式拋棄妻子兒女？一般的市民——布爾什維克稱之為「小資產階級庸俗人」——誠惶誠恐，感到有自己幾乎不理解的政治風暴刮起，擔心布爾什維克下一步不知會做些什麼。知識分子（他們後來成為了黃金時代神話的

首任國民教育人民委員阿納托利·盧那察爾斯基（Anatoly Lunacharsky），左邊是他的祕書和妹夫伊戈爾·薩特（Igor Sats）。薩特後來擔任《新世界》雜誌（*Novy Mir*）總編輯。（譯者按：作者稱薩特為其「師父」。）

傳播者）在當時惱怒布爾什維亞稱他們為「資產階級」，不把他們的道德領導地位當一回事，又不讓他們在沒有政治上級監督下執掌大學和國家劇院之類的機構。那是一個前衛藝術生命力非常旺盛的時代，但也是一個藝術派系主義的時代。派系之間不斷互相攻訐，向當局譴責彼此。

黨員同樣充滿焦慮。他們擔心他們做不好行政管理的工作，因為他們在這方面常常欠缺訓練。他們感覺受到資本主義間諜、外國軍事攻擊、一心復仇的資產階級、富農、神職人員、「耐潑曼」和其他階級敵人的威脅。他們還害怕「偽裝」，也就是資產階級假裝成無產階級，富農假裝成貧農。這種害怕完全有道理。因為布爾什維克偏愛無產階級而懲罰資產階級的政策讓所有人都投入這種假裝。他們也擔心珍貴的「老布爾什維克」團隊的精力衰退和健康欠佳，擔心年輕布爾什維克的理想幻滅和自殺。他們也擔心一如法國大革命恐怖統治結束後的那樣，黨會發生「熱月墮落」[7]。內戰的老兵懷念他們戰時的同志情誼。共青團內的熱忱之士雖然因為太年輕而未打過仗，卻高聲哀嘆黨失去了尚武精神。

7 譯注：法國大革命史有所謂的「熱月反動」，指革命黨中保守派在一七九四年熱月（即七月）成功奪權，推翻以往激進派所推動的各種改革。

列寧在他的最後年月也開始擔心黨是不是有能力和文化執行它自己扛上身的巨大任務。在一些後期著作中，他幾乎就像一個一九一七年的孟什維克黨人那樣，哀嘆十月革命的「早熟」。但當時他已經是個病人，形同被排除在權力圈子之外，而這顯然是他的悲觀主義的重要原因。列寧在一九二〇年才五十歲，但他的健康卻受到一九一八年一次未遂的暗殺槍傷所影響，而到了一九二二年五月，他又出現中風。他設法繼續工作，但在十二月再次中風，不得不完全結束政治參與。他在一九二三年三月第三次中風，在一九二四年一月二十一日離世。

他病中的二十個月與妻子單獨待在莫斯科郊外的鄉間小屋，對俄羅斯的落後和黨的低文化水平的擔憂幾乎成了一種執念。列寧擔心群眾的被動性會讓所有沉重工作都落在共產黨人頭上，但共產黨人本身大多教育程度低落，所以很容易會被政府官僚（舊政權的遺物）擺布。他在一九二二年近乎絕望地問道：「如果拿莫斯科身居要職的四千七百名共產黨員和那龐然大物似的官僚機器對比，那我們必須問：他們是誰在領導誰？」

此時，列寧也開始強烈批評黨的寡頭政治傾向，而這形同是批評政治局的一手遮天（他自己因為生病而不再是政治局的積極成員）。有些歷史學家認為，這些後期著作可以顯示列寧已經轉向參與式民主和多元主義。這種詮釋對蘇聯共產黨內部的辯論有重要的架構作用，因為它容許運用一個「民主的」列寧去反對史達林，即去捍衛法制而反對壓迫性和任意的政府權力（後史達林時代就這樣做過）。不過這種解釋是不是能夠代表真實的列寧卻不無疑問。做為一個技巧高明的辯證法家，列寧總是能夠陡然地轉換立場。他當然對因為醫生的吩咐而被迫退出政治局深感不滿。然而還在領導政治局的時候，他從來沒有批評政治局的寡頭政治。而且在病中期間，他既沒有建議解除對派系的禁令，也沒有建議應該鼓勵愈來愈死氣沉沉的蘇維埃恢復積極的政治參與。不過，在列寧的最後歲月確實重新浮現的，卻是他想透過學校、識字班、閱覽室和圖書館去教育人民的人文關懷——他本來就因為妻子而有這種關懷，而妻子現在更是他唯一的伴。

接班鬥爭

即使還沒有離世，列寧的病業已加速了領導階層中的派系鬥爭。（派系禁令可以休矣！）這場鬥爭進行了五年，最終史達林脫穎而出，成為了新的最高領袖。起初，這鬥爭不是被視為領導權之爭，而是視為維持政治局統一性之爭。對這統一性的威脅看來是來自托洛茨基。托洛茨基是內戰的英雄，受民眾的歡迎程度僅次於列寧，但他卻是比較晚才加入布爾什維克黨。在那些熟讀法國革命史的人看來，托洛茨基最有可能蛻變為脅持革命的拿破崙。政治局的大部分其餘成員，包括史達林、季諾維也夫和布哈林在內，聯合起來排擠他，最終也成功了。

列寧沒有直接捲入這些鬥爭，但在第二次中風不久之後，他寫了一封信給中央委員會（歷史學家稱之為他的「遺囑」，但他自己沒這樣叫），其中就各個資深黨員（包括托洛茨基、史達林和布哈林）的能力進行了概括。對各人都略有褒貶，這份文件起初並不是用來為某個潛在的領袖角逐人背書或拆台。不過幾天之後，列寧給信加上一段附筆，指史達林「太粗魯」，缺乏黨總書記所必要的素質。這個評價是史達林和克魯普斯卡婭的爭吵所激起。政治局曾交予史達林一項不討好的工作，讓他確實落實醫生的吩咐，不讓列寧讀報或看官方文件。但克魯普斯卡婭拒絕照辦，認為讓病人不知道外界的情勢會讓他更加焦躁不安。當列寧聽說她因為這個緣故遭史達林辱罵之後，他說了一句非常不布爾什維克的話（完全有違他年輕時候的行為準則），說他不能和一個侮辱他太太的人打交道。

列寧的評語讓史達林受傷（據說他離開莫斯科，單獨在一間鄉間小屋裡待了好幾天），也引起他相當大的政治尷尬。不過在當時，大概除他自己以外，沒有人認為他是列寧的可能繼承人。他是個沒有鋒頭的後台人物，說話帶喬治亞口音，做為總書記幹的是其他政治局委員懶得幹的無聊組織工作。就算在一九二三至一九二四年間和托洛茨基鬥爭時，史達林也不過是一個政治局團體——「中央委員會多數派」——的一員，想做的只是捍衛黨的統一性，對抗托洛茨基的挑戰。這團體的成員還包括季諾維也夫和布哈林。季諾維也夫是列寧格勒黨部和「共產國際」的負責人，也大概自視為「中央委員會多數派」的領袖。布哈林受歡迎和較為年輕，略為輕量級，是黨報《真理報》的總編輯。他將會在一九二六年繼承季諾維也夫出任「共產國際」的執委會主席。

接班鬥爭是一九二〇年代派系衝突底層的基本議題，不過檯面上沒有表現為這樣，而黨也沒有一個正式的領袖職位需要人去接替。但列寧的死改變了這一切，因為要求把列寧神化的民眾呼聲鋪天蓋地（有些黨內領袖因勢利導，但主意不是出自他們）。「列寧不死」成為當時得令的口號，而他的追隨者被督促去落實他的遺緒。讓他的無神論遺孀和他的很多同志驚恐的是，列寧的遺體被防腐處理，放置在克里姆林宮旁的一座陵墓中。列寧膜拜就此確立，而黨需要一個領袖的假設也默默地確立起來。

雖然接班人選是一九二〇年代派系鬥爭底層的主要議題，但牽涉其中的還有政策議題。最大的政策議題就是，是要繼續採行在黨內受歡迎的咄咄逼人政策，還是改為推行民眾喜好的和解政策。挑出某些非我族類（「耐潑曼」、富農、神職人員、「資產階級專家」[8]和外國資本家等）以政府力量加以打壓，對維持黨的革命身分感和目的感很有用。但向民眾讓步（特別是向農民讓步）以便贏得他們的歸心和讓政

列寧陵墓在1950年代的樣子。這座大理石的構成主義紀念碑式建築是阿列克謝·休謝夫（Alexey Shchusev）建於1920年代，位於紅場，背靠克里姆林宮圍牆。

權更加穩定明顯是更明智的方向。後一種態度盛行於一九二〇年代大部分時候。

列寧還在生時，引起政治局派系鬥爭的是政策議題而不是接班議題。這些議題包括官僚主義在黨內的增長、缺乏與基層的磋商和一小群「老布爾什維克」菁英的權力過大——這些關切都與列寧表達過的近似。托洛茨基在一九二三年提出「新道路」宣言，呼籲世代交替，在黨內引起了廣泛討論。一九二三至一九二四年間冬天，各地方黨部對第十三次黨大會代表的選舉儼然成了一場真正的選舉：有些參選者支持托洛茨基的論點，有些支持「民主派中央集權者」（該派從一九二〇年起便提出了黨內民主的議題），還有人支持季諾維也夫和史達林的「中央委員會多數派」。最後一群人雖然在獲選者中佔多數，但仍然面對聲音不小的異議。

然後，托洛茨基的派系被貼上「反對派」的標籤（指反對「中央委員會多數派」）——這一招完全是列寧在一九〇三年的翻版，當時他稱自己在社會民主工人黨中的少數派派系為「布爾什維克」（多數派）。季諾維也夫、加米涅夫和史達林此時成了大權在握的三巨頭，而在一九二四年年中，季諾維也夫在政治局的支持下發起了一個叫

8 譯注：如舊帝俄將領等。

「面向鄉村」的運動，要把更多的經濟和文化資源帶到村莊，設法讓農民相信無產階級力量是站在他們一邊。布哈林負責執行這運動，他又呼籲農民追求「致富」，而這等於是請求共產黨人不要再給任何有現代心態和富裕的農民扣上「富農」和剝削者的帽子。這個時期的政治局還致力於推動各級蘇維埃的回春——蘇維埃一度是人民民主的碉堡，但日漸廢弛。有幾年時間，只限地方黨部提名的人參加蘇維埃選舉的限制取消了。隨著黨和共青團組織放鬆控制，在地人有自由推出自己的候選人，多多少少可以按自己的喜好投票。

所以在一九二〇年代中葉，黨內和各蘇維埃都閃現著民主的火花。但對蘇維埃民主所做的實驗很快便式微了（因為太多被地方黨部視為階級敵人的村民想要競選地方要職），而黨內的民主實驗也沒有好到哪裡去。經過一九二四年五月比數相對逼近的準選舉之後，做為黨書記處頭頭的史達林盡量挑選得到莫斯科同意的地區代表參加黨大會。讓這種情形更見促進的是，各派系在首都以外的地方黨部獲得很小助力。地方的共產黨人傾向於把政治局的內部衝突放入「貴族間的鬥爭」的舊範疇中看待，又把「反對派」視為有特權的「投石黨人」。

史達林控制了對各區域黨書記的任命權，這些黨書記常常會代表他們的地區參加選舉中央委員會和政治局成員的黨大會。這形成了一個對史達林極為有利的「權力循環圈」。不過這些區域性黨書記不只是史達林的附庸。他們都是一「小史達林」，身邊圍繞著自己的政治附庸。沒有他們，莫斯科將無法統治外省。當然，這些黨書記會反覆爆出醜聞和偶爾受到清洗，但總的來說，他們是自己「封地」內的老大，又總是為「封地」的利益向莫斯科說項。這兩點都是貫徹蘇聯整個歷史的常數。

到了一九二〇年代中葉，隨著經濟經歷內戰的擾亂後回復半正常的運作，是時候更認真地思考黨的一個基本承諾：工業化。每個人都同意必須迅速工業化以創造社會主義的先決條件，但對於應該多迅速，以及投資在新工廠、礦井、水力發電計畫和鐵路的錢應該從何而來，卻意見分歧。雖然列寧誡之再三，有些人（有時包括托洛茨基）仍鼓吹謹慎引入外國投資者。不過有沒有外國人想要投資並不清楚，更別提這樣一種政策是不是會得到全黨同意。五年前還可能希望怎樣管理俄國經濟發展的整個議題會因為西方革命的勝利而變得不重要（因為那樣的話，俄國將可加入德國和其他更先進的經濟體）。現在這希望已經一去不返，而當史達林喊出「一國社會主義」的口號時，他不過是說出最明白不過的事。不存在別的選項。

但如果說工業化必須在沒有外資的情況下推展，那錢就必須從國內經濟中找去，而不幸的是，大部分有錢人的身家已經被抄沒。在很多人看來，「壓榨農民」——也就是讓他們在買城市的東西時多付一些錢，而在他們拿東西到市場賣時少得一些錢——是個好選項，但這卻與季諾維也夫偏好的「面對鄉村」政策不相容，而且人們也擔心給農民施太多壓力會激起民變。

一年左右之後，在史達林的施計下，本來是反托洛茨基三人組的季諾維也夫和加米涅夫組成了一個新的「反對派」，與托洛茨基的「反對派」攜手合作（但這行動來得太晚，難有真正的政治影響力）。隨著派系間共舞的情況變得更加複雜，也愈難看出不同派系的政策取向。托洛茨基一般是個反對妥協派（「左派」），主張推行的都是最大膽和最快速的經濟發展計畫。布哈林一九二〇年代早期在社會問題上是個激進派，但現在卻改轅易轍，成為了「右派」。史達林有時看似一個左派，有時看似一個右派，讓人聯想起當時的一個笑話：「黨路線從來不會偏離。」（說笑話時會伴隨著顯示這路線先向左然後向右的手勢。）

除了膜拜列寧以外，一種惡性的新膜拜也落地生根：對黨和黨路線的膜拜。「黨總是對的」成為了口號，而沒多久，德隆望尊的老布爾什維克就被迫在每年的黨大會上對著嘲弄他們的黨代表們為他們的「反對派」觀點卑屈道歉。在一九二五年加入季諾維也夫的「反對派」的克魯普斯卡婭拒絕道歉，甚至取笑「黨絕不會犯錯」的觀念——這種事只有列寧的遺孀敢做。

共產黨只有百分之一黨員是喬治亞裔，卻有百分之七十二是俄羅斯裔，所以史達林在一九二〇年代尾聲會奪得大位不能不讓人感到驚訝。雖然他說的俄語帶有口音，但他卻愈來愈以俄羅斯人自居。他的一大利多毫無疑問是他的兩個主要競爭對手托洛茨基和季諾維也夫都是猶太人。就像托洛茨基自己承認的，一個猶太裔領袖對國家的一般民眾來說是一條太遠的橋，對基層黨員來說大概也是如此。布哈林是貨真價實的俄羅斯人，如果他在政治上比較精明，說不定有機會打倒史達林，但到他終於採取行動的時候已經為時太晚。史達林沒有公開利用猶太人的議題，不過這議題幾乎籠罩著黨對史達林的「一國社會主義」說的辯論。在這辯論中，托洛茨基被扣上國際主義者的帽子，被逼至牆角。「國際主義」當然是列寧時期的核心黨政策，但現在這個詞又被加上了「猶太色彩」的弦外之音。

布爾什維克不介意用恐怖手段對付階級敵人，在內戰期間也盡情這樣做，然後才在「新經濟政策」期間有一點收斂。但他們總是強烈反對容許「革命吞食自己的子女」，也就是反對像法國大革命那樣，用恐怖手段做為武器對付黨內異己。在列寧主政的時期，那些在政策衝突上敗北的人不會被開除黨籍，而「契卡」和它的後身GPU[9]也不會去騷擾黨內元老們。這一點在一九二七年年底發生改變。為首的反對派被驅逐出黨，拒絕和反對派劃清界線的人被流放。托洛茨基的流放地是阿拉木圖（Alma-Ata），位於哈薩克近中國邊界處。出於奇怪的疏忽，他被允許帶著他所有書本和文件（這些書本文件最後落腳在哈佛的威德恩圖書館）。他也能夠和他被流放到全國各地的追隨者廣泛通信。兩年後（一九二九年二月），相當有違黨的先例地，他以革命叛徒的罪名被逐出蘇聯。十一年後，他將會被史達林派出的刺客殺死於墨西哥。

托洛茨基為人自大，總是藐視史達林，很遲才看出他是個真正的威脅。史達林既非演講家也非理論家（這兩個領域都受到黨的高度看重），而托洛茨基在這兩方面都表現突出。曾經在喬治亞的東正教神學院受教育然後才輟學成為職業革命家，史達林在托洛茨基眼中甚至不是知識分子。他也不是世界主義者：他的革命學徒生涯不是在多年流亡國外中渡過，而是在坐牢和國內流放中渡過。他的履歷中沒有豐功偉績，例如沒有在一九〇五年領導聖彼得堡蘇維埃[10]，或者在內戰期間從無到有一手創造紅軍[11]。列寧在「遺囑」中對他的惡評是個重要政治打擊。他是個「灰濛濛的人」（這是尼古拉・蘇哈諾夫〔Nikolai Sukhanov〕在回憶錄中的形容），是個「官僚系統中的生物」

（這是托洛茨基日後的說法），是個「刻薄的人」（這是史達林在列寧病中兇克魯普斯卡婭之後道歉時所自承）。托洛茨基甚至懶得對他有禮貌，對支持他的人更是如此——這群支持者從一九二〇年代中期起包括好幾個政治局成員，主要是莫洛托夫、前紅軍騎兵將領克利緬・伏羅希洛夫（Klim Voroshilov）和政治局候補委員暨烏克蘭第一書記卡岡諾維奇。

9 譯注：兩者都是祕密警察。
10 譯注：這是季諾維也夫的功績。
11 譯注：這是托洛茨基的功績。

莫斯科的捷爾任斯基廣場，前稱盧比揚卡廣場。廣場中央有一座葉夫根尼・武切季奇（Yevgeny Vuchetich）雕塑的捷爾任斯基像，立於1958年。最右邊是祕密警察總部一角。

直到一九九〇年蘇聯檔案庫終於對外開放為止，托洛茨基對史達林的輕藐都獲得歷史學家的贊成。但他其實大錯特錯。史達林一點都不平庸，一點都不愚蠢，他也不是任何系統中的生物。如果說其他人在一九二〇年代的政策辯論中扮演比較主要的角色，但為前進之路給出一個簡單結論的人卻是史達林。列寧在十月的政治革命中領導黨獲得勝利，但經濟革命——在馬克思主義看來至關重要——仍有待實現。史達林將會是領導這革命的人。

3

史達林主義
STALINISM

★

如果蘇聯還需要一次二次革命，即一次經濟革命，此事要怎樣實現？顯然不是像一九一七年那樣由人民自發地走上街頭來實現。這個革命需要莫斯科的規畫和指引（因為其目的畢竟是要實現中央計畫經濟的觀念）。歷史學家常常稱之為「自上而下的革命」，強調它「自上而下」的一面。這頗為精確，但前提是不能忽視「革命」的部分。史達林的經濟轉化計畫的不尋常之處，在於它是用準革命手段執行：為了達成目的，史達林動員黨和它的支持者以暴力對付人口中的其他部分。

像打一場對付敵階級敵人的革命戰爭那樣搞一場國家規畫的工業化可能看似奇怪。但史達林畢竟是一個革命家：暴力和煽動階級仇恨是他的專長。那也是黨的專長。從經濟理路看，這種方法非常浪費，但有鑑於黨的好戰心態和它內戰時期養成經驗，這種做法有其政治理路可言。

一九二九至一九三二年的「大突破」——這是史達林對此一階段的稱呼——有三個方面。第一方面是步調硬性的工業化，根據一個由政府規畫機關設計的五年計畫執行。第二方面是農業集體化，第三方面是文化革命（這個詞是蘇聯先用，然後中國共產黨才在一九六〇年代重用）。這三方面所籠罩的暴力是用來威嚇非共產黨人口，讓他們就範，但它的目的也是集結史達林自己的人馬（共產黨員、年輕共產黨員和「有

薇拉・穆欣娜（Vera Mukhina）的標誌性塑像「工人和集體農場女人」。它是在1937年巴黎萬國博覽會的蘇聯展館首展。

意識」的城市工人），讓他們去做他們到了這時候仍然真正想做的事：找被他們視為敵人的人麻煩。

就像發生國內危機時常見的那樣，一個虛構出來的外國威脅被用來刺激行動。雖然沒有真實證據可以證明西方資本主義列強準備要馬上對蘇聯採取軍事行動，蘇聯報章一連幾個月煽動戰爭恐慌。與此攜手的是文化革命（聲稱是要推翻資產階級在文化領域的支配權），它在一九二八年初期發動，一開始是大肆宣傳對一些被控為外國收集情報的工程師（「資產階級專家」）的審判。一波在工廠裡抓搞破壞工程師的熱潮由是掀起：這是工人樂意為之，因為他們本來就仇視工程師的崇高地位。

史達林的經濟革命的核心是工業化而不是農業集體化。集體化事實上只是次要目標，而有鑑於農民會起而反抗乃是意料中事，所以為審慎計，此事本可推遲進行。然而，一九二八年在共產黨黨內辯論中勝出的卻不是審慎而是階級戰爭的需要。當時，農民與蘇聯政府再一次為了農產品的價格而爭吵。政府是可以提高收購價格，但經濟學家主張資助工業化的唯一方法是「壓榨」農民。為此，史達林親自前往西伯利亞了解情形，短暫而罕有地離開了首都一次。

他回來之後稱，「富農」囤積穀物，要推高價格，這形同是搞政治破壞。於是制定了懲罰「囤積」的新措施，也引發了更多的農民反抗事件。一九二九年冬天發起的全面集體化政策，用意是要一勞永逸地解決這個問題。從此，新成立的集體農場成為唯一合法的穀物行銷商，而政府是它們的唯一顧客。富農的問題也可以透過把他們踢出村莊而徹底解決。

與此同時，在城鎮中，另一個階級敵人也在對城市經濟的去私有化運動中受到圍困。在「國家政治保衛總局」的掃蕩下，「耐潑曼」、小商人和小製造商關門大吉（還常常得坐牢）。這是另一個魯莽和有欠思慮的政策，有需要政府匆忙建立自己的零售網絡，而政府對此幾乎沒有事前規畫。結果就是百物短缺，需要實行配給（這是另一個把戰時危機感灌輸給民眾的方法）。黑市也因此迅速成長茁壯。

集體化和文化革命

集體化被認為是一個自願過程。然而自願參加集體化的農民寥寥無幾，所以當局就透過所謂的「去富農化」強制執行。「去富農化」是指被扣上「富農」帽子的人的土地和房屋會被沒收，而「富農」本人會被流放至偏遠地區，重新安家落戶。其口號是

「清算做為一個階級的富農」，但由於剝削貧窮農民的舊式富有農人在農村已經所剩無幾（部分是因為一九二〇年代有過幾度杜絕這種陋習的努力），村莊中任何不受歡迎的人物都可以被扣上富農的帽子，加以懲罰。共產黨員和都市自願者的隊伍被派到村莊負責組織集體化的工作。他們的任務是勸說農人簽字，加入集體農場，方法是暗示不從者就會被當成富農驅逐出村莊。農人一旦簽字，就會被要求把他們的馬交出來，去為集體農場犁田。有時集體化的搞手還會取走其他牲口。

不管當時的共產黨人多麼熱中規畫事務，集體化都幾乎是在沒有準備的情況下發起。集體化搞手或農民都沒有得到清晰指令，集體馬廄之類的必要措施也沒有事先備妥。每逢出了差錯，史達林就怪罪地方官員熱心過度。在蘇聯的宣傳裡，集體化是從小規模農耕走向大規模農耕的一步，是從落後的人力農耕走向現代機械化農耕的一步。但集體農場並沒有足夠的拖拉機和聯合收割機可供使用，有的話農民也不知道怎樣使用。另外，雖然所有宣傳都把新的集體農場稱為巨型農場，但一般來說都很難建立超過一條村莊以上的有效農耕單位，所以最後只好不聲張地以較小型的農場為滿足。

集體化在全國強制推行，但存在著區域性差異。在哈薩克，當地的放牧人口仍然以遊牧生活為主，而因為集體化意謂著強迫的定居化，所以激起了很多反抗。人們紛紛越過邊界，逃入中國。喬治亞因為受到包括拉夫連季・貝利亞（Lavrenty Beria）在內的本地共產黨領袖保護，集體化的程度較為溫和（這也是因為其農業重心是種植水果和經濟作物而非穀物）。在族群混雜的地區，佔大宗的族群有時會設法把「富農」的帽子扣在較為富裕的少數族群（例如德裔）頭上。在哈薩克之類的地區，因為有大量俄羅斯裔和烏克蘭裔的富農放逐於此，族群間關係愈發緊繃。

有五、六百萬的農民是「去富農化」的受害者（包括那些因為受到抄沒威脅而逃到城鎮去的人），佔全部農民大約百分之四。在被放逐到其他地區去的兩百萬人中，大部分都被安置在未開墾的鄉間地區，一個為數不少的小數被派去新的工業區工地工作。歐洲部分的俄羅斯沒有出現大規模的暴亂，突如其來的雷霆手段被證明足以讓大部分農民被嚇到。不過憤怒情緒和消極抵抗廣為瀰漫。農民寧願宰殺自己的牲口而不寧願交出來，又藏起穀物，不送出規定的採購配額。謠言四起，說集體化代表著「敵基督」的來臨，又說集體化搞手準備剪掉婦女的頭髮和推行共婚制度。一種流行的抵抗方式是一群農婦在村莊裡尾隨集體化搞手到處去，在他們背後哭泣和唱讚美詩以示抗議（逮捕女性的情形較少見）。

集體化最不尋常的其中一面是在俄羅斯和烏克蘭鄉村地區打擊東正教，在其他地區打擊佛教和伊斯蘭教。這清楚顯示「階級戰爭」暴力是集體化的一個基本構成部分，因為任何認真希望說服農民改變傳統農耕和銷售習慣的人不會想要得罪地方教堂或清真寺，以免雪上加霜。但這正是來自都市的共青團隊伍所幹的事。他們歡天喜地地破壞教堂，挖掘墳墓，繞著屍骨跳舞，又拆下教堂大鐘以「為工業化提供廢金屬」。與此同時，「國家政治保衛總局」悄悄逮捕神職人員，將他們和「富農」一起流放到偏遠地區。俄國農民在教會受到這種攻擊以前對基督的信仰有多深是可爭論的，但迫害斷然加強了他們的信仰。有些集體化搞手覺得對農民抱歉，但很多人相信鄉村裡確實存在著階級敵人，這特別是因為有時憤怒的農民會亂槍射他們，或者晚上伏擊他們，把他們丟入河裡。這是一種火的洗禮（火不多就是），略可媲美於內戰的英雄傳奇。

在城鎮上演的文化革命有時像嘉年華狂歡會，有時像上課。蘇聯共青團團員固然不像中國紅衛兵後來在文化大革命中的那樣，會押著戴笨蛋高帽的活生生受害人遊街示眾，但他們一樣會舉著神職人員和「耐潑曼」的芻像遊行，加以取笑，有時還會燒掉芻像。「輕騎兵隊」[1]入侵政府辦公室，把檔案文件翻得一地都是，又指控僱員們是「官僚」。在中亞，揭去婦女面紗的做法變得更強制性和廣泛。大學生舉行會議譴責資產階級教授，然後這些教授會公開認罪，承諾在課程中引入馬克思主義作品。文革分子的最過態行為有時會招來黨領袖們的斥責，但一般來說他們被視為只是「略為過火」，但方向正確（也就是致力推翻傳統和把資產階級從文化支配的位置上拉下來。）年輕共產黨員對這個任務的熱情是明確無誤的：就像當時的一位觀察者所指的，他們一直渴望「被解除束縛」。

文化革命一個不那麼錯亂的方面是給予工人、貧窮農民和落後族群優惠性差別待遇，這是一九二〇年代晚期的優先事項之一。婦女也在優惠性差別待遇的名單之上，但優先性要低很多，這從中央委員會的婦女部的解散可見一斑。優惠性差別待遇同時表示被直接起用為行政管理人員，以及優先獲得高等教育和技術教育。與後一政策並行的是開除一些來自資產階級家庭、富農家庭和神職人員家庭的原有學生（此舉當然很符合文化革命的風格，但卻讓教育當局不無苦惱）。優惠性差別待遇在一九三〇年的國際環境是一種新鮮事物，當時甚至沒有英語詞語可以形容這種事。

馬克思主義理論家可能會看不起這個計畫，因為工人不應該希望離開他們的階級，然而勞工階級、農民和非俄羅斯裔家庭卻欣賞這個向上爬的機會。將會為此感激

1 譯注：一些文革分子的自稱。

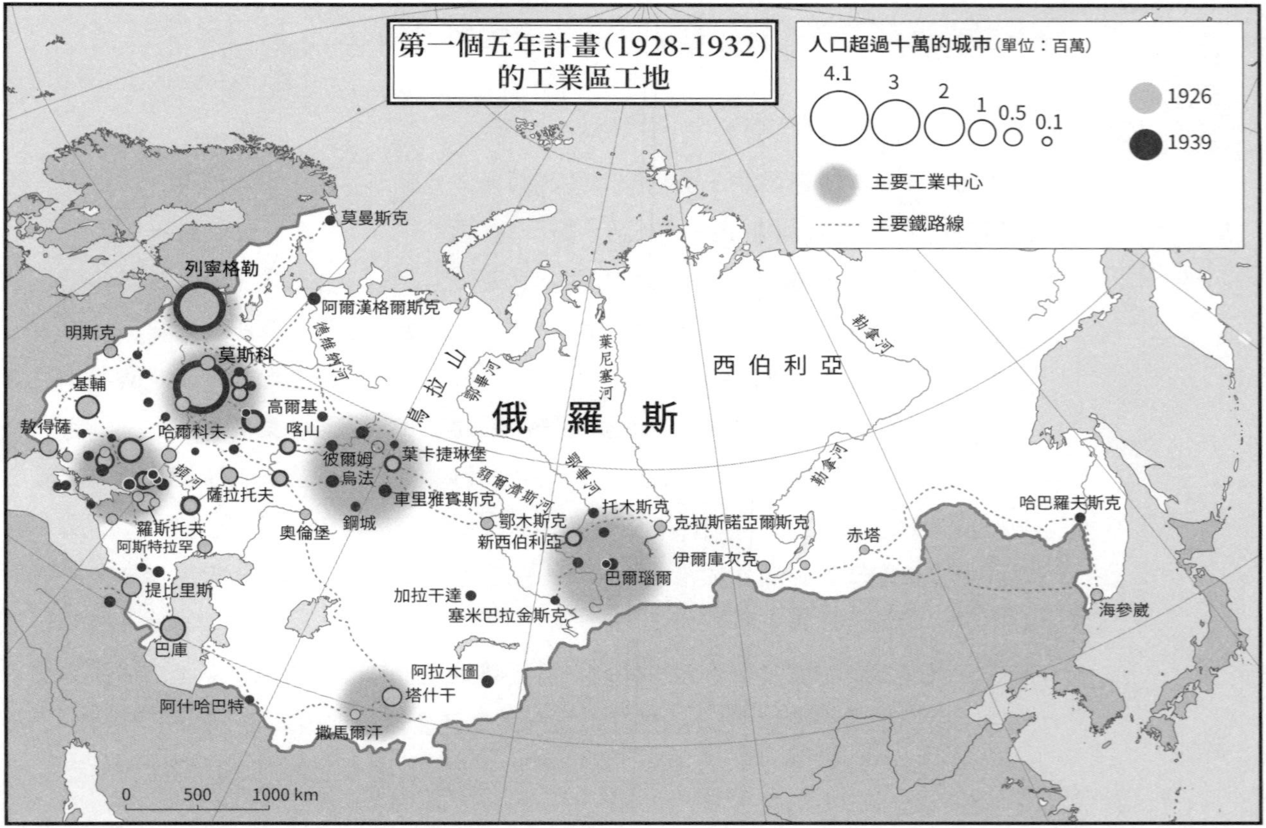
第一個五年計畫(1928-1932)
的工業區工地
人口超過十萬的城市(單位：百萬)
4.1
3
2
1
0.5
0.1
1926
1939
主要工業中心
主要鐵路線
莫曼斯克
列寧格勒
阿爾漢格爾斯克
明斯克
莫斯科
德維納河
基輔
高爾基
敖得薩
哈爾科夫
喀山
彼爾姆
葉卡捷琳堡
烏法
車里雅賓斯克
頓河
薩拉托夫
鋼城
奧倫堡
羅斯托夫
阿斯特拉罕
提比里斯
巴庫
阿什哈巴特
撒馬爾汗
塔什干
阿拉木圖
加拉干達
塞米巴拉金斯克
烏拉山
鄂畢河
額爾濟斯河
鄂木斯克
新西伯利亞
托木斯克
巴爾瑙爾
葉尼塞河
克拉斯諾亞爾斯克
伊爾庫次克
赤塔
勒拿河
西伯利亞
俄羅斯
哈巴羅夫斯克
海參崴
0
500
1000 km

的受益人包括未來的國家領導人赫魯雪夫和布里茲涅夫，還有許多加盟共和國的在地人領袖。

工業化

第一個五年計畫是蘇聯國家經濟規畫的最早努力，其重點是迅速發展重工業，特別是採礦、冶金和機器製造業。雄心勃勃的計畫是在五年之內將國家對工業的投資增加一倍，讓產出量成為戰前水平的兩倍。但到哪裡去找資金的問題從沒有圓滿解決。短期來說，對農民進行集體化並不是一個有效的壓榨方

1930年代的多元文化主義：穿著中亞袍服的史達林和伏羅希洛夫（袍服是1936年土庫曼和塔吉克的得獎集體農場農夫呈獻給他們）。右邊穿軍裝的是謝爾戈·奧爾忠尼啟則（Sergo Ordzhonikidze）。

法，因為其花費比預期為大，回收比預期為慢。有助於填補這個空隙的是國產伏特加的增加（正如史達林在一九三〇年給莫洛托夫的信上所說的，這種增加是軍隊擴張所需要），以及城鎮生活水平無預警的陡峭下降。

因為沒有太多資金可以投入解決這個問題，蘇聯政府就以投入廉價勞工來解決。女性是廉價勞動力的一個重要來源。這是蘇聯婦女第一次加入勞動力（也是這階段婦女解放的重點追求），在一九三〇年代幾乎有一千萬女性進入職場。都市的失業人口構成了勞動力的另一支後備部隊，但首要的勞動力來源卻是遭到流放的富農和古拉格愈來愈大的勞工營網絡。此外，在集體化期間，有數以百萬計的年輕農人離開村莊，去到城鎮。他們有些是為了逃避「去富農化」，其他則純粹是為了在城鎮提供的新工作中尋找機會。在第一個五年計畫期間，每三個農人留在農村成為集體農場農人，就有一個離開村莊，成為賺工資的工人。光是在一九二八至一九三二年期間，就有令人咋舌的一千兩百萬人從村莊永遠搬到城鎮居住。

集體化之於蘇聯的功能相當於圈地運動之於十八和十九世紀的英格蘭。正如馬克思曾指出的，圈地運動無情地把農人從土地上趕走，因此為工業革命提供了勞動力。至於這一點有多少是在蘇聯政府的預期之內，為其集體化政策的一部分考量，並不清楚。不管怎樣，史達林說的話並不可信。在一篇稱讚集體化成功消除農村貧窮的演講中，他厚顏無恥地宣稱（那一年蘇聯的都市人口增加了四百萬）：因為集體農場的吸引力，農民從鄉村「逃跑到」城鎮的傳統現象已不復見。

在起草第一個五年計畫和後繼的計畫時，最大的爭論是應該蓋什麼樣的新工廠、鐵路和水力發電站，以及應該在哪裡蓋。這和西方的政治分肥有著某種未被承認的相似之處。最熱烈和長久的辯論之一是應該把發展重點放在烏克蘭還是烏拉山地區。烏克蘭有比較現代的基礎建設，但太接近西部邊界而讓人不安，反觀烏拉山地區的工業基礎較不現代，但地理上安全得多。蘇聯的規畫者和政治家有一個長期秉持的假設，那就是應該優先照顧國家較不發達的地區，例如西伯利亞、中亞和高加索山區。但也有其他有分量的考量，包括安全考量：因為建立國防能力是第一個五年計畫的最主要目標之一，史達林傾向於把國防相關的工廠設在俄羅斯／烏克蘭腹地，而不是非斯拉夫人地區。不過，下決定的是政治局而不是史達林一個人。決策過程不斷受到各共和國和各區域的遊說，這些遊說成為了各共和國和各區域第一書記的一項重大任務。好些政治局成員同樣有自己的地盤要防衛，而有最多地盤要防衛（或防衛得最成功的）則莫過於重工業人民委員謝爾戈・奧爾忠尼啟則（Sergo Ordzhonikidze）——他也是史達林的喬治亞同鄉。

建在烏拉山烏不生蛋地區的冶金中心鋼城（Magnitogorsk）就是第一個五年計畫的典型建設項目，體現著這個五年計畫的很多矛盾。建設它的勞動力強烈依賴判刑的罪犯、被流放的富農、「搞破壞」的工程師和剛受過訓練的共產黨員（鋼城是共青團自願者的聖地，他們充滿使命感，要在空蕩蕩的大草原上排除萬難，征服自然和建設蘇聯的工業）。這裡是一個典型的邊城，生活艱苦，但有很多險可冒和很多同志情誼可以細味，出身常常

F. F. Kondratov為在莫斯科的年輕工人劇院上演的戲劇《亞麻》繪畫的海報「集體農場的快樂生活」（1931）。

會被忽視，以至於富農之子一樣可以成為「優等」工人，然後加入共青團。「新蘇聯人」就是在這裡被打造出來——即使沒有完全按藍圖的樣子打造。

一種鮮明的炫耀文化出現了在蘇聯的報章，它們每天都數說這個國家在打造社會主義上獲得了哪些成就（「成就」在一九三〇年代是個關鍵詞）：有多少噸鐵礦石被開採了出來，有多少個高爐投入了運作，有多少哩的鐵路路軌鋪設完成，新的水力發電站有多少千瓦時的發電量等等。「沒有布爾什維克不能攻克的城堡。」史達林這樣說，用的是其中一個已經變得稀鬆平常的軍事比喻。然而五年計畫也遇到過很多瓶頸和做出過很多次戰術性撤退。到這個時候為止，蘇聯的計畫經濟都意謂著決定相互競爭的項目的優先順序，制定生產目標和敦促企業超量完成——但卻沒有仔細規畫（例如）某間拖拉機工廠要從哪裡獲得橡膠來製造輪胎。因此工業企業都有一支非正式的「探子」大軍，由工廠經理的非法基金支薪，負責尋找必要的物料供應來源，確保物料會往工廠送。

由於食物和消費產品短缺得比工業原材料還要嚴重，蘇聯的老百姓都盡力磨練出類似的技能。常言道：「有一百個朋友勝於有一百盧布。」也就是說，找到可以搞到商品的管道是最重要的，有錢買單只是其次。你既需要認識可以幫你搞到一雙套鞋的製鞋廠工人和可以幫你搞到馬鈴薯的集體農場農人，也需要認識地區黨書記或者大學教授。當警察首長尼古拉・葉若夫（Nikolai Ezhov）的太太在一個高級度假勝地偶然遇到詩人奧西普・曼德爾施塔姆（Osip Mandelstam）的太太時，這樣問道：「你都是找誰？」她的意思是「妳的保護人是誰？」清高的娜傑日達（Nadezhda）聽不懂這個問題，但她丈夫卻聽得懂，回答說：「我們都是找布哈林。」

結果

頭兩個五年計畫確實帶來了工業突破，儘管是以龐大成本和巨大浪費做為代價。官方數字聲稱，工業生產毛額在一九二八至一九三二年間增加了一倍，在第二個五年計畫期間又增加了一倍。一九二八至一九四〇年間的平均年增長率幾乎高達百分之十七。西方分析家（和一九八〇年代的修正派蘇聯經濟學家）把這個數字定為近百分之十——即便是如此仍然是非常厲害。有一些生產指數——例如石油貨車和拖拉機的生產指數——在第一個五年計畫結束時業已激增。不過，第一個五年計畫把很大精力放在創設生產生鐵和軋鋼之類資源的工廠，而這些工廠要到一九三〇年代中期才能投產。唯一生產量增加的消費品項是伏特加，到了一九三〇年代中已經佔去國家總收入的五分之一。

充分就業在第一個五年計畫期間基本達成，從此失業問題從蘇聯的社會問題清單消失了六十年。把資金傾注在重工業意謂著社會福利計畫長期預算不足，一般只有都市的領工資和領薪水者享受得到——實際上常常僅限特權群體（關鍵工業的工人）享受得到。

就工業生產的地理分布而言。烏拉山、西伯利亞和中亞的分量大大增加（不過中亞的基數非常低）。蘇聯的工業仍然遠遜它的西方資本主義對手，但已經和日本打平。就像有些經濟學家主張的那樣，用較溫和的政策一樣有可能獲得相似的結果，而且較不浪費。不過，這大概要在一個政治文化偏好溫和的國家才辦得到。

集體化卻是大敗筆，讓蘇聯的農業倒退了幾十年。此舉既失去了農民的人心，又使城鎮經常食物短缺。史達林離世後，蘇聯的政治家將會指出錯並不在集體化，而在集體化起來「太過火」。但過火是整個計畫的一部分。短期來說，加諸集體農場的採購目標讓主要的穀物生產區捱餓最甚。今日的烏克蘭政府宣稱，集體化在烏克蘭引起的大饑荒（烏克蘭語稱為Holodomor，意為「以飢餓滅絕」）是史達林蓄意殺死烏克蘭人的計畫的一部分。然而南俄羅斯和哈薩克的情況一樣淒慘。史達林不太可能確實想要殺死農民。他毋寧是想要政府從農村取得可能最大量的穀物，但又想要農民活得到春季播種。問題是沒有人知道所謂的「可能最大量」是多大量，而史達林一定有要求地方官員盡力而為，又拒絕相信農民所說的，他們已經沒有餘糧。說農民「假扮饑荒」的說法在政府中流傳。到史達林終於相信農民不是假裝而是真的快餓死，已經為時太晚。進入城鎮的道路必須堵住，以阻止在一九三二至一九三三年間冬天蜂擁而來的飢餓農民。餓死的人數據估計至少五百萬（蘇聯政府要幾十年後才承認這數目）。饑荒留下了深深傷痕，但有半世紀時間一直未被公開談起，直到改革開放期間，烏克蘭黨書記弗拉基米爾．謝爾比茨基（Volodymyr Shcherbytsky）才在烏克蘭蘇維埃共和國成立七十週年慶祝大會上打破沉默。

「勝利者大會」

根據習慣，蘇聯每年會舉行全國黨代表大會，討論重要政策和選舉中央委員會及政治局成員。但在一九三〇至一九三四年之間，這個習慣卻沒有被遵從。在一九三〇年的第十六次黨代表大會上，史達林不廢多大力氣就打敗了由布哈林和亞歷克賽・李可夫（Alexei Rykov）領導的一個「右派」派系。李可夫是繼列寧之後的人民委員會主席，他和布哈林都主張以較溫和的方法推行集體化和工業化。他們的派系是黨內最後一個公開的派系，顯示出列寧在一九二一年對派系的禁令在經過長久的拖延後終於落實。此後的其他派系組織都只能是小型的和祕密的，而且都會很快就被掐死在搖籃中。對史達林的更大膜拜也是開始於這個時期前後。這種膜拜包括把所有政府建樹歸功於史達林本人，而且為每一件事情——從小孩有快樂童年到地方棉花生產計畫的超額完成——對他感恩戴德。就像列寧一樣（但大概沒有列寧那樣真誠），史達林在公開場合會貶低這種膜拜，認為是習慣膜拜沙皇的群眾頭腦簡單有以致之。而他在接受外國記者訪問時，又會把自己呈現為謙遜和不矯飾的人。

第十七次黨代表大會（這個黨的成員現已接近兩百萬人）以一個「勝利者大會」自居。但這勝利是艱辛贏得，而且大饑荒也還有沒完全過去。有很多黨的大老私底下把集體化帶來的農業問題歸咎於史達林。史達林一向疑神疑鬼，又因為妻子在一九三二年底自殺身亡而變得更陰沉。對這位偉大領袖和導師無所不在的歌功頌德並不能讓他相信人人愛他。從他的觀點看，總是有人對他不滿，所以問題變成是要找出這些人，連根拔除。負責這工作的工具已經就遂。安全機關（在一九三四年更名為「內務人民委員部」）的權力和管轄權因為打擊富農和「潑耐曼」的運動大大膨脹，古拉格的規模也不斷成長。

現在，「戰爭」已經打贏了，史達林和黨領導階層熱烈提倡返回常態的觀念。當然，這種「常態」是一種新的常態，在其中，村莊被集體化，大煙囪工業遍布全國，城鎮從荒無人煙處冒出來，都市勞動力由原來的農民構成，警察的

史達林和親密副手們輕鬆地待在一起，1934年。左手第二和第三人是莫洛托夫和瓦列里安．古比雪夫（Valerian Kuibyshev），前排是奧爾忠尼啟則和謝爾蓋．基洛夫（Sergei Kirov）。史達林和季米特洛夫（Dimitrov）坐在沙發上最右邊，坐在史達林背後的是伏羅希洛夫。

身影愈來愈多，恐怖手段仍然是一種若隱若現的可能性。史達林喊出了新口號：「同志們，生活變好了。生活變得更愉快了。」這口號可能是一廂情願，但它至少是一個有鼓勵性的意向宣言。配給制度已經取消，新的國營商店裡有商品發售（雖然要價不斐）。農民被容許在他們的私人耕地上種植非穀物作物和養一頭牛，但仍然不准養馬。本來被貶斥為資產階級遺物的聖誕樹獲得解禁，結婚戒指也是重新有售。遭逮捕的工程師悄悄釋放，很多人就直接回到原來崗位。學生被送回學校上課，現在再次對他們的教授必恭必敬。工會被鼓勵重新思考它們的功能，從保護勞工免受管理階層欺壓的舊角色轉變為工人津貼（例如假期和養老院）的提供者和分配者。它們甚至可以成為足球隊的經理人。

在很多人的回憶裡，一九三〇年代是一個新奇和刺激的時代，有著冒險的前景（前往遙遠的地方「征服自然」和建設社會主義）和一種讓人的生命超脫鎖碎無聊的集體目的感。這種目的感和對鎖碎無聊的鄙夷注定要被反映在文學和藝術中：作家現在都被稱為「人類靈魂的工程師」。「社會主義寫實主義」是被推薦的方法：它表示有能力從常常一團亂的現在看出燦爛未來的輪廓，而且是用能被一般大眾欣賞的傳統形式表現，避免光怪陸離的前衛手法。對創造性藝術家還有對知識分子來說，後文化革命時代的新常態有利有弊。短處是現在硬性規定你要怎樣寫和怎樣畫，好處是它會給你所寫和所畫的東西豐厚報酬，除此以外，還有自從革命以來便不曾有機會獲得的特權和社會地位。在一九三〇年代中葉，這看來更像是紅蘿蔔而不是棒子。史達林用他的個人威望來拉枱高等文化和教育，這一點直到蘇聯結束為止都是這個社會的一個特徵。

甚至出現了一些政治放鬆的跡象。一部蘇聯新憲法在一九三六年宣稱，是時候停止打擊階級敵人，因為敵人階級已經被肅清，剩下的階級都是「非敵對性」。這就馬克思主義理論來說是一種可疑的說法，但卻是一個有安撫人心效果的訊息。此外憲法保證所有基本自由，包括言論自由和集會自由這些斷然不存在於當時蘇聯的自由。史達林花了很多個人時間和精力來起草這文件，對結果想必引以為傲。

很多人都把史達林憲法看成是欺騙西方的宣傳把戲，但它寫給蘇聯人民看的動機至少一樣強烈。新憲法是以一種測量民意的新方法寫成（這方法曾經在一年前草擬一條禁止墮胎的法律時率先使用過，結果發現墮胎受到除了城市菁英以外的廣泛反對）：在草擬新憲法時，蘇聯人民被呼籲發表他們對憲法條款的意見。很多人也這樣做了。

與新憲法精神一致的是，當局也宣布在來臨的蘇維埃選舉中可以推出多個候選人。這種努力和一九二〇年代中葉「復甦蘇維埃民主」的嘗試相似。那個一九二〇年代中葉的實驗遭到冷凍，因為有太多敵人被提名。這一次會不會落得同一命運仍有待觀察。

與國內的放鬆攜手並進的是莫斯科領導的國際共產運動成立了「人民陣線」（Popular Front）。在一九二〇年代很多時間，「共產國際」都把精力花在和歐洲的社會民主黨人鬥爭，但納粹一九三三年在德國的上台顯示出這樣做的愚蠢。一九三五年的「人民陣線」（一個共產黨、社會主義者和反納粹激進黨派的聯合體）就是遲來的結果。

另外，在外交上，蘇聯在一九三〇年代也改取一種較溫和與和解性的態度。它參加了國聯，與美國重建外交關係（這是自十月革命以來的頭一次）。外交部長馬克西姆・李維諾夫（Maxim Litvinov）竭盡所能要促成蘇聯和西方民主國家建立反法西斯聯盟，不過雙方剩餘的猜疑讓進展步履蹣跚。

大清洗

如果說放鬆的態度在一九三〇年代中葉可見於很多領域，那麼，當時一樣存在著一些讓政治緊張升高的反趨勢。其中之一來自國際局勢。在以前，蘇聯曾經就戰爭的威脅喊過狼來了，然而隨著納粹德國在中歐的崛起（這個政權強烈反共和反蘇聯並傾向於向東擴張），戰爭的威脅變得具體真實，讓任何回到常態的想法變得不可能。第二個疑慮來國內：政治局委員和列寧格勒黨領導人謝爾蓋．基洛夫（Sergei Kirov）在一九三四年十二月被一個有怨言的共青團團員謀殺。凶手馬上被逮捕，但就像甘迺迪遇刺後的那樣，凶手是受人指使的猜測不脛而走。

史達林常常被西方懷疑是主使者，而赫魯雪夫在他一九五六年的「祕密演說」中甚至暗示史達林可能涉案。但沒有檔案文件可以證明這一點。史達林自己則把手指指向被打敗的「反對派」。結果，季諾維也夫和加米涅夫因為涉嫌串謀而被捕。為了以防萬一，大批「階級敵人」（他們在蘇聯總是有嫌疑的人）被祕密警察從列寧格勒押解到內地。然後，更多的階級敵人又在克里姆林宮的管理團隊中被發現（史達林認為一些出身高貴的女圖書管理員可能計畫毒殺黨領袖），為此，克里姆林宮的管理長阿維爾．耶努吉澤（〔Avel Enukidze〕他是史達林的老朋友也是喬治亞人）以監督不周的理由被開除，然後被捕。

正如史達林所說的，耶努吉澤是個傻瓜，誤以為第一個五年計畫的巨大勝利讓人有本錢休息一下和打個盹。保持警覺的呼籲對一九三〇年代中期的回到常態政策來說是愈來愈大的背景音。一九三五年六月，季諾維也夫和加米涅夫因為基洛夫的謀殺案受審，但沒有最後定論。一年後，他們再度受審，是為第一次的莫斯科「裝樣子審判」（show trial）。當局對審判極盡宣傳之能事，兩名被告因為謀殺罪和涉及其他恐怖陰謀被處死刑。

對黨員的定期審查再度展開，包括同情「反對派」的許多人因為疏忽職守而被革除，以至於一些地區的前共產黨員要比現任黨員為多。這清楚顯示出一個弔詭：史達林政權把支持者轉變為敵人（真實或想像出來的敵人）的本領就像它吸引熱情支持一樣大。所有這些被開除的共產黨員都被認為應該列入黑名單，持續受到監管。

另一個弔詭出現在選舉政策的「民主」趨向發生逆轉之時。隨著政治張力的升高，地方黨部提名可疑候選人的事情愈來愈不能被接受。一九三七年底舉行的蘇維埃選舉在沒有正式宣布的情況下回歸單一候選人的老例。另一個黨內民主實驗在一九三七年春天落實的時候，幾乎變得有威脅性（十之八九是有違原意）。它出現得很不是時候，因為對前「反對派」的第二次莫斯科「裝樣子審判」才剛結束，而且二至三月的中央委員會全會才剛呼籲要提防敵人，包括那些身居重要黨職的人。因為所有黨幹部都想要重選而黨支部又沒有提供推薦候選人名單，選前會議變成了競相互相指控的場合，緊繃得讓人幾乎無法忍受。沒有人知道提名誰是安全。在俄羅斯外省一間工廠，八百個工廠黨組織的成員有長達一個多月時間每晚開會，才終於選出一個新的黨委員會。

我們稱之為「大清洗」的恐怖行動——蘇聯老百姓常隱晦地稱作「一九三七」——毫不含糊地是在當年稍早的中央委員會全會上被發起。會上提到了對某些工廠的黨組織領導人可能會搞破壞、某些共和國書記可能會貪污腐化的疑慮。

1937年大清洗期間的漫畫「提高警覺」，呼籲老百姓去揭發偽裝起來的人民敵人的真面目。Iu Ganf所繪。

史達林毋庸置疑地是這次新的恐怖行動的發起人，不過在全會上，他讓莫洛托夫發表開題報告。上個月上演的第二次莫斯科「裝樣子審判」為史達林的發難提供了戲劇性背景。一眾被告（包括重工業人民委員奧爾忠尼啟則的副手）被控搞破壞、搞恐怖活動、當間諜和叛國。所有人都認罪，被判死刑和立即執行。檢察官安德烈・維辛斯基（Andrei Vyshinsky）在庭上呼籲：「槍斃這些瘋狗！」這句話被人反覆引用，在全國各地舉行的憤怒會議上獲得呼應。

奧爾忠尼啟則在一九三六年最後幾個月努力奔走，想盡辦法讓自己的副手從「裝樣子審判」的被告名單除名，但徒勞無功。然後，他寧願自殺而不寧願眼見他一手培育的蘇聯工業家團隊被摧毀。這些工業領袖——常常被指控「搞破壞」和要為工業意外負責——是最早一批被槍決的人，與他們被一起槍決的是一些共和國和區域的黨書記（很多也是中央委員會成員），他們被指控獨裁、濫權和任人唯親，換言之被指控他們根據在一九三〇年代發展出來的隱含「職務內容」（job description）做事。如果一個共和國的領導人是本國國籍（烏克蘭、烏茲別克、亞美尼亞、喬治亞和韃靼自治共和國就是這種情形），他們就會同時被指控搞「資產階級民族主義」。他們廣泛的恩庇網絡讓滾雪球的過程可以發生，最終導致一整個共和國和區域的領導階層垮台。在土庫曼，整肅的規模是如此巨大，以致有幾個月時間，黨部都只能在沒有中央委員會的情況下運作。

大清洗在一九三七年六月蔓延到軍隊，當時米哈伊爾．圖哈切夫斯基元帥（Mikhail Tukhachevsky）和幾乎所有頂級軍事將領（政治局成員伏羅希洛夫除外）都被一個閉門軍事法庭判定為德國間諜，匆匆處決。這些軍官（「被法西斯主義者收買的猶大們」）不思設法自救，更遑論設法除掉史達林。這是蘇聯歷史上「軍隊狗」沒有吠的很多例子之一。

在菁英階層中間進行逮捕的情形貫徹整個一九三七年。火上加油的是下屬利用這個機會狀告上司，工人狀告同事，鄰居狀告鄰居。就連政治局的成員都不能免於午夜有人敲門的恐懼（不過大部分都安然無恙），而因為平常的遊戲規則不管用，他們也無法搭救被捕的恩客，甚至無法搭救家人。著名的知識分子也淪為大清洗的受害人，這通常是發生在他們的政治保護人垮台之後。流浪漢、信教者和慣犯被以維護公眾秩序的名義抓起來。那些可以被懷疑心向一個外國強國的族群（例如波蘭裔、芬蘭裔、德裔）成為了找麻煩的對象，而住得接近邊界的族群會被大批大批送到蘇聯內陸地區。

就在恐怖行動在一九三八年出現衰減跡象之時，卻來了第三次莫斯科「裝樣子審判」，這一次受審人是布哈林和前國家政治保衛總局局長亨利希・亞果達（Genrikh Yagoda）。一如既往，被告全都公開認罪。根據前共產黨員阿瑟・庫斯勒（Arthur Koestler）在小說《黑色烈日》（*Darkness at Noon*）中的詮釋，此舉被這些忠心的布爾什維克視為對黨的最後一次奉獻。也許如此，但那也是他們最後一次公開說話的機會。看來這兩個人都設法在認罪供詞中摻入反駁的成分，例如亞果達說：「如果我是間諜，那麼幾十個國家就都可以關閉他們的情報部門。」

就像中世紀的獵巫活動一樣，大清洗之所以有動能，是因為人民早已經受到暴力和疑神疑鬼心理的制約。用一道命令自上而下終止它有可比發動它還要困難。史達林採取漸進方式，先是讓大清洗的風勢在一九三八年逐漸緩和下來，然後把貝利亞任命為新的警察首長，派他去清洗大清洗的執行者：祕密警察和它的前首長葉若夫。再一次，祕密警察像不吠的狗一樣不加抵抗，引頸就戮。葉若夫從一九三八年四月起就明顯失寵，但他坐以待斃，靠飲酒打發時間。他在六個多月之後被逮捕和處決。

無聲無息地結束大清洗之後，史達林的地位完好無缺，聲望明顯更見增加。這可以說是史達林的一次精彩政治演出，但整件事情用意何在？莫洛托夫晚年接受訪談時表示，發起大清洗是因為有必要在戰爭爆發前消滅潛在的第五縱隊。然而不管被提出來的是什麼理由（是消滅潛在的第五縱隊也好，是捉拿外國間諜也好，是清除管理階層的枯木好讓在一九三〇年代早期受訓的新一代可以晉升也好），它們看來都不足以完全解釋史達林為什麼要殺死軍方高層、黨中央和政府成員，以及工業的領導階層。不過這大概是因為革命，用布爾什維克偏好的法國大革命比喻來說的話，在自己死亡之時有吃掉子女的傾向。再來的原因是恐怖手段——就像先後見於俄國革命和集體化的那樣——會孕育出更多恐怖手段。早在一九三四年，史達林就警告同仁，消滅「敵人階級」（資本家和富農等等）並沒有讓蘇聯能夠永久安全，因為這些前階級的個別成員殘存了下來。他們不只滿腹仇怨，還戴上面具，變成看不見。黨和老百姓中間無疑潛伏著很多這種人，而大清洗的亂槍打鳥手法可以被視為壓制這些看不見的敵人的法子。但為了做到這個而處決七十萬「反革命分子」，和把一百多萬人送進古拉格不能不說是代價高昂。

在大清洗之後，所有機構（黨、政府、軍方和安全部門）的高級職位大多由新人出任，他們常常是出生低下階層的剛畢業大學生，只接受過匆匆訓練便走馬上任。翻看一九三九年的檔案文件，會看見一個千瘡百孔的官僚體系，有很多空缺待補，只勉強可以運作。機構傳承下來的經驗不見了，新上任的人苦苦摸索。這當然只是暫時的情況。大約不到一年時間，職缺便被填補起來，而新人也學會了如何辦事。他們整體的表現有可能優於前任，因為他們比較年輕和教育程度較高。不過要注意的是，當時已經是一九三九年。在喊狼來了喊了那麼多年之後，戰爭終於臨到。

4

大戰及其餘波

WAR AND ITS AFTERMATH

★

一九三九年八月二十三日，新任蘇聯外交部長莫洛托夫和他的德國同僚約阿希姆・馮・里賓特洛甫（Joachim von Ribbentrop）簽署了一份互不侵犯條約，約定德俄互不攻擊・其祕密條款又承認各自在東歐的勢力範圍，換言之，是放任對方開拓勢力。布爾什維克主義是納粹德國的頭號敵人，納粹主義則是蘇聯的頭號敵人，所以互不侵犯條約的簽訂讓西方世界感到震驚。國際左派陣營因此陷入混亂和自省。不過蘇聯老百姓卻為之鬆一口氣，認為史達林為幾乎必不可免的一戰爭取到更多準備時間，甚至有可能讓蘇聯置身事外，坐觀英法和希特勒相鬥。史達林本人不認為他可以永遠支開希特勒。他十之八九是希望可以爭取到兩年左右的時間，因為蘇聯軍隊和國防工業仍然因為大清洗而殘破，還沒有準備好戰鬥。

當蘇聯在一九三〇年代向西方靠近時，雙方對對方都留有濃厚的不信任感。前外交部長李維諾夫和駐倫敦大使伊凡・麥斯基（Ivan Maisky）都偏好和民主國家結盟，但史達林和莫洛托夫從來沒有完全緊貼這條路線。在他們眼中，包括德國在內的西方列強全都是資本主義者，每個都是一樣的陰險詭詐。蘇聯對英法的不信任因一九三八年九月的慕尼黑會議而加劇：在這個會議上（蘇聯沒有受邀），英國對德國讓步，形同同意讓其占領捷克的蘇台德區和讓其向東開拓生存空間。

波蘭看來是德國的下一個侵略對象。與英國人不同，蘇聯的領袖對波蘭或其政府並沒有特殊好感，但在地緣政治上，波蘭是德國和蘇聯之間的緩衝區，也因此成為了蘇聯的重要關切對象。在德蘇互不侵略條約上，蘇聯形同承認了德國有權占領波蘭西部，以此換取蘇聯占領波蘭東部省份的權利。這些省份是蘇聯在一九二一年割讓給波蘭。德國部隊在一九三九年九月一日進入西波蘭，九月三日英法對德宣戰，蘇聯則保持中立。蘇聯部隊幾星期後進入東波蘭。

有很多作品都把互不侵犯條約形容為兩個獨裁者之間的戀愛關係，但我們在其中卻沒有看到多少愛的成分。如果希特勒和史達林是想要強調他們的言歸於好，他們大可以自己來談判條約的內容而不是透過代理人，而且史達林的代理人莫洛托夫在面對面見過希特勒之後留下了極不好的印象。在蘇聯報章停止了強烈攻擊納粹之後，取而代之的並不是正面讚揚這個新夥伴，而是保持沉默。蘇聯大眾由此得到心照不宣的告知：互不侵犯條約不是一種愛情關係而是權宜的聯盟。

對東波蘭的占領（接著迅速將其合併到蘇聯和自動承認其居民為蘇聯公民）是蘇聯自內戰結束後的第一次領土兼併。波蘭的土地由烏克蘭和白俄羅斯這兩個加盟共和國瓜分，他們的人口因此增加了兩千三百萬的前波蘭人。幾個月後，蘇聯部隊進入波羅的海三小國（它們原是舊俄羅斯帝國的省份，後來獨立），又進入比薩拉比亞（Bessarabia）部分地區（該地是由羅馬尼亞統治的前帝俄領土）。蘇聯由此增加了四個小加盟國：拉脫維亞、立陶宛、愛沙尼亞和摩爾多瓦（這是從羅馬尼亞得來的部分）。

這看似在蘇聯和擴張主義的德國之間建立了很好的緩衝區。然而事實證明，這對蘇聯沒有多少好處。在企圖迫使芬蘭向波羅的海三小國看齊的時候，蘇聯遇到了始料不及的堅定抵抗，導致在一九三九至一九四〇年間的冬天爆發了一場短暫戰爭。蘇聯軍隊起初表現得荒腔走板，但由於實力懸殊，蘇聯取得最後勝利，占領了包括卡累利阿（Karelia）在內的一些地區。但芬蘭卻保住了獨立，而蘇軍的聲譽嚴重受損。一九四一年六月，德國將部隊移到新的蘇聯邊界上（但蘇聯這時卻還沒有時間把國防力量移動到這些新邊界）。這行動本身就傳達出攻擊的可能性（八成會等到夏天初期以避免泥濘和積雪的問題），但史達林也收到來自英國和來自理查・佐爾格（Richard Sorge）的明確警告，後者是在東京活動的蘇聯間諜。史達林不可能不知道德軍可能會發起攻擊：根據歷史學家理查・奧弗里（Richard Overy）的研究，他至少收到八十四份警告，包括德國系統性侵犯蘇聯領空的報告。然而為了不想給德國人做文章的藉口，他拒絕授權採取軍事回應。六月二十二日，「巴巴羅薩行動」啟動，德國空軍大舉空襲，摧毀了停在地面上的一半以上蘇聯空軍，德國國防軍也以雷霆的速度越過邊界，讓蘇聯部隊和民眾猝不及防，倉皇後退，亂作一團。

偉大衛國戰爭

不數日，德國陸軍便穿越蘇聯新取得的緩衝地域抵達蘇聯的舊邊界。然後，不到一個星期，他們進入了白俄羅斯首都明斯克。又不久之後，德軍開入波羅的海三小國，用德國占領軍政權取代建立不久的蘇維埃政權。八月，列寧格勒被包圍。十月，德軍抵達莫斯科郊區。

史達林的賭一把賭輸了：他最初的判斷是他輸掉了一切。入侵的第二星期，他單獨躲到他在莫斯科郊區的鄉間小屋，完全不知所措，又不接電話。（一九二四年列寧在「遺囑」批評他之後他也是如此反應。）史達林的躲藏不完全是祕密。任何收聽莫斯科電台的人——是莫洛托夫而非史達林在電台宣布德國入侵的消息——都會猜到史達林有什麼不對勁。當政治局一支代表到達鄉間小屋時，史達林以為他們是來逮捕他的，至少政治局成員阿納斯塔斯·米高揚（Anastas Mikoyan）日後是這樣說的。據報導，史達林對同僚們說：「列寧留給我們一筆偉大遺產，而我們把它搞砸了。」他們沒有逮捕他（沒有人敢有這種念頭），而是設法開解他，讓他返回莫斯科。七月三日，他向全國講話，呼籲團結，但聲音仍然不是鎮定自如。回歸他年輕時代的東正教習慣，他稱他的聽眾為「弟兄姊妹們」。

這是一個將要發生的變化的徵兆。現在，在蘇聯歷史上將會被稱為「偉大衛國戰爭」的戰爭被解釋為是要從入侵者拯救俄羅斯的戰爭，不是要拯救世界第一個社會主義國家。一九四一年十一月的一次講話中，史達林標榜在十三世紀冰湖戰役中打敗條頓騎士團的亞歷山大·涅夫斯基（Alexander Nevsky）和後來打敗拿破崙的沙皇將領亞歷山大·蘇沃洛夫（Alexander Suvorov）。這種對俄羅斯的新強調（後來在國際宣傳上會加上強調蘇聯軍隊的多民族特徵做為平衡）在非俄羅斯人的共和國沒有引起太大的反感，儘管烏克蘭有些沉默的抗議聲音。它十之八九也有助於俄羅斯民眾對戰爭努力的支持。在最初幾個月，斷然有加強士氣的必要：因為面對止不住的侵略和混亂的撤退，西部省份謠言四起，說是「猶太布爾什維克」政權終於要行將崩潰。軍隊出現大量逃兵和叛逃，而在德國人占領的地區，大部分人起初看來願意接受他們的存在，後來因為占領者的殘暴才讓民眾轉為敵對態度。然而，其他人對於這場預期已久和恐懼已久的戰爭的爆發卻有不同的反應。有些蘇聯知識分子日後回憶說，他們的感覺近乎鬆一口氣：戰爭是可怕，但沒有一九三〇年代晚期的恐怖統治可怕，因為現在有了一個要對付的真正敵人。在軍隊，「前線一百公克」[1]的恢復有助於維持士氣和保持以伏特加建立情誼的軍事傳統和革命傳統。

奇蹟似地，莫斯科並沒有在十月淪陷於德國人之手，哪怕政府辦公室和很多居民已經向東撤離。史達林曾經想過離開，但後來改變主意。莫斯科剩下來的居民都在人民防衛單位當志工。新的正規部隊及時從西伯利亞來到。但很多人把蘇聯的戰勝歸功於「冬天將軍」將德軍的增援部隊和物資困在冰雪裡，動彈不得。

德國人對蘇聯發動的是三路攻擊，最北路要攻取莫斯科，南路要前往巴庫奪取油田。到了一九四二年年底，大約一千兩百萬蘇聯人民已經撤退了到東部。政府主要是在伏爾加河畔的古比雪夫（〔Kuibyshev〕今薩馬拉）運作。四成的蘇聯領土受到德國占領：涵蓋其四成五人口，包括烏克蘭全部、白俄羅斯全部、波羅的海三小國和摩爾多瓦全部、南俄羅斯和克里米亞很多地區，以及部分高加索地區。數以百萬計的蘇聯部

1 譯注：指前線士兵每人每日有一百公克伏特加配給。

隊淪為戰俘，又有數以百萬計的戰俘被運回德國充當奴工。

轉折點在一九四三年一月出現於伏爾加河畔城市史達林格勒。在城中街道經過好幾星期的徒手肉搏之後，蘇軍擊敗弗里德里希・包路斯將軍（Friedrich Paulus）的部隊，將他們俘虜。這是德軍向西撤退的漫長過程（為時超過一年）的開始，期間繼續頑強戰鬥。自一九四一年起，蘇聯就與英美聯合作戰（法國在一九四〇年迅速被德國打敗和占領）。但儘管蘇聯反覆要求和盟軍反覆保證，始終沒有第二條戰線在西部展開以減低蘇聯的壓力。在東方，德國的盟友日本自一九三〇年代早期就占領了滿洲，經常挑起邊界衝突，最終在一九三九年引發諾門罕戰役（Battles of Khalkhin Gol）。在軍事新星格奧爾基・朱可夫（Georgy Zhukov）的指揮下，蘇軍大獲全勝。蘇聯的勝利讓日本人知道他們在這地區沒有軟柿子可摘，所以兩國在一九四一年四月簽署了中立條約。雖然雙方到戰爭太快結束都嚴格遵守協議，但蘇聯高層持續擔心日方會違約，害蘇聯必須兩線作戰。

大戰期間，蘇聯由新成立的「國防委員會」治理，其成員包括史達林、莫洛托夫、貝利亞（負責安全事務）和兩個新的政治局候補委員米高揚和格奧爾基・馬林科夫（Georgy Malenkov）。基於不成文的分工，史達林在「國防委員會」主要負責軍事事務，

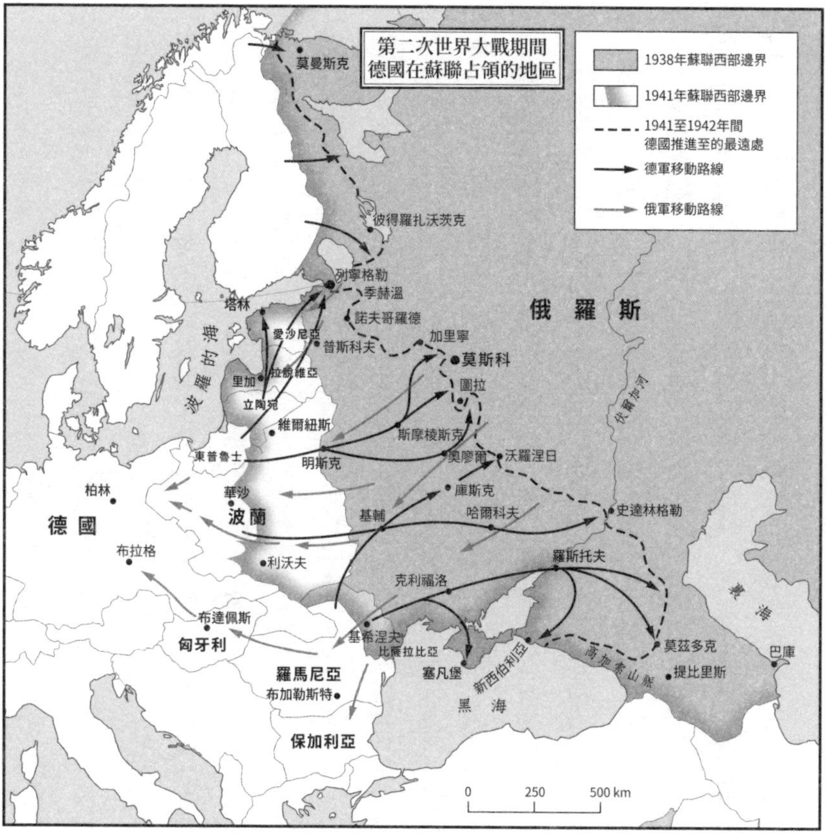
第二次世界大戰期間
德國在蘇聯占領的地區
1938年蘇聯西部邊界
1941年蘇聯西部邊界
1941至1942年間
德國推進至的最遠處
德軍移動路線
俄軍移動路線
莫曼斯克
彼得羅扎沃茨克
列寧格勒
季赫溫
諾夫哥羅德
塔林
愛沙尼亞
普斯科夫
加里寧
莫斯科
里加
拉脫維亞
立陶宛
波羅的海
俄羅斯
圖拉
維爾紐斯
斯摩棱斯克
東普魯士
明斯克
奧廖爾
沃羅涅日
柏林
華沙
庫斯克
德國
波蘭
基輔
哈爾科夫
史達林格勒
布拉格
利沃夫
羅斯托夫
克利福洛
裏海
布達佩斯
基希涅夫
匈牙利
比薩拉比亞
新西伯利亞
莫茲多克
巴庫
塞凡堡
提比里斯
羅馬尼亞
黑海
布加勒斯特
保加利亞
0
250
500 km

其他人則專注搞好戰時經濟（一般認為他們表現傑出）。史達林沒有軍事指揮的經驗，但他自視為專家（內戰期間他曾經是紅軍政治事務的領袖），對軍事行動的策畫事必躬親。有時他的參與是沒有幫助和甚至帶來災難的，例如他在一九四一年六月拒絕批准適時的撤退。但他的長處在於能夠重用一批才智出眾的將領，其中最突出的是朱可夫（諾門罕戰役的得勝者）和康斯坦丁・羅科索夫斯基（Konstantin Rokossovsky），後者剛從監獄獲釋，他先前因為人民敵人的罪名而在大清洗期間下獄。史達林和莫洛托夫是謝苗・季莫申科元帥（Semyon Timoshenko）領導的最高指揮部的兩個文職成員。就像在內戰時候一樣，史達林和很多政治局成員在二戰期間選擇穿軍服，不過他在打贏大戰之前並沒有自封為大元帥。

隨著史達林把關注放在軍事事務，後方事務由他的政治局全權負責。這政治局基本上就是一九二〇年代以來的同一批成員，再加上赫魯雪夫和貝利亞等一些新成員。據米高揚後來回憶說，大家工作起來同心協力和有效率，戰前那種互相猜疑的氛圍消失了。史達林願意聆聽其他意見，覺得別人有理時會改變立場。在外省區域，黨書記擔負比以前更大責任，常常握有高度自治權。在這個系統中的每個層次，政治領袖都與軍事領袖緊密合作，熔鑄出持續到戰後的專業連結和個人關係連結。

除了在國內異常的和氣，史達林在世界舞台上也表現出一種充滿魅力的新形象。本來是個謎樣人物，從來沒有親自接觸過其他世界領袖，現在他迅速跟戰時的盟友邱吉爾和羅斯福建立起良好的工作關係，還贏得他們的敬重。在同盟國各國，這個本來被妖魔化的蘇聯領袖現在被重新塑造為一個仁慈和抽菸斗的「喬叔叔」（Uncle Joe）。蘇聯民眾對同盟國的印象也大幅改善（自發的程度顯然和受政府引導的程度一樣高），對美國和羅斯福尤其有好感（邱吉爾在俄國內戰期間鼓吹英國軍事介入的往事還沒有被淡忘）。

再一次，大戰主要是一個男人的遊戲。但與內戰不同的是，女性的貢獻（做為大後方的支柱）這一次被注意到，這讓女性在共產黨的代表人數得以升高了幾個百分點（在一九四五年達百分之十八）。在納粹占領下英勇反抗的女性被推許為烈士。然而，與大戰最相連的女性形象卻是哀傷母親的形象：事實上，由於女性在戰爭中常常失去丈夫和兒子，她們大有理由哀傷。在戰爭中死去的男性比女性多很多，以致一整批同齡女性只能終身獨身（儘管常常是單親媽媽）。那怕是到了一九五九年，第一次戰後的人口普查仍然顯示，俄羅斯、烏克蘭和白俄羅斯的女性人口要比男性多近兩千萬。

蘇聯的戰爭政策就像可預見的那樣冷酷無情。有鑑於大戰早期大量官兵向德國人

1942年一幅蘇聯宣傳海報，上面寫著：「救救我們，紅軍士兵！」

投降，史達林宣布任何讓自己成為戰俘的人都會被視為叛徒，自己和家人都有很大可能受到懲罰。儘管如此，俄羅斯人——這大概出史達林意料之外——仍然集結在戰爭努力背後，而在占領區外的非斯拉夫人看來也是如此。（例如，在後蘇聯時期早期的哈薩克，雖然歷史教科書經過改寫以更加符合本國的民族主義取向史觀，但有關二次大戰的一章仍然充滿要趕走侵略者的蘇聯愛國主義精神。）

但占領區內的情形當然是另一回事。德國人在烏克蘭、白俄羅斯和南俄羅斯找都到很多投誠者。斯捷潘·班德拉（Stepan Bandera）領導的「烏克蘭民族主義者組織」

（〔Organisation of Ukrainian Nationalists〕基地設在德占波蘭）配合德國軍事情報部門的活動，活躍於被占領的烏克蘭，而哥薩克人、韃靼人和卡爾梅克人（Kalmyks）於戰爭後期在德軍裡起著顯著作用。在蘇聯部隊奪回高加索地區和克里米亞之後，好些少數民族（包括車臣人和克里米亞韃靼人）遭貼上「叛徒民族」的標籤，被貝利亞以他一貫無情和有效率的方式放逐到中亞。一個始料不及的後果就是讓哈薩克這些本來就種族混雜的地方變得更多元，在本地哈薩克人和移民已久的俄羅斯裔和烏克蘭裔移民之外，又加上了桀驁不遜的車臣人和工作賣力的德裔（他們在戰爭早期從伏爾加河被遷移到此）。

一九四三年四月，德國人在卡廷森林（Katyn Forest）發現波蘭軍官的萬人塚，指稱這是一起蘇聯暴行。確實如此，儘管蘇聯軍方強烈否認並反過來指控德國人，而同盟國方面也有很多人願意相信是這樣。被殺的波蘭軍官是一九三九年蘇聯占領東波蘭的時候被俘虜，然後在一九四〇年春天遭到殺害。當蘇軍追擊撤退的德國人而在一九四四年夏天抵達波蘭邊界時，蘇波的不睦關係還沒有改善。波蘭地下反抗軍為了讓波蘭解放成為一項民族成就，在華沙發動起義，指望蘇軍會出力相助。但由羅科索夫斯基指揮的蘇聯部隊卻在維斯瓦河（Vistula River）的對岸停步不前，推說這是因為補給線拉太長，未能及時得到補給。蘇聯人的進抵波蘭使其成為同盟國中第一個發現和解放納粹集中營的國家，先是在一九四四年七月解放馬伊達內克集中營（Majdanek），又在翌年一月解放奧斯威辛集中營（Auschwitz）。跟隨蘇軍東行的著名戰地記者伊利亞・愛倫堡（Ilya Ehrenburg）和瓦西里・格羅斯曼（Vasily Grossman）——兩人都是猶太人——寫出了有關納粹屠殺猶太人的驚人和詳細報導。

同盟國彼此為進攻柏林而競爭，但蘇軍搶先一步，在一九四

1945年5月2日，蘇聯士兵在柏林德國議會大樓屋頂揮舞蘇聯國旗。蘇聯戰地記者葉甫根尼・哈爾岱（Yevgeny Khaldei）拍攝。

五年四月三十將國旗插在德國議會大樓屋頂。終於勝利了！這看來是蘇聯政權正當性的證明。但史達林看來仍然感覺自己只是僥倖存活。五月，他在克里姆林宮告訴一群軍事將領，有鑑於他早前所犯的錯誤和德國人對這個國家很多地方的占領，「換成另一批人民的話，他們也許會對政府說：『你有負我們的所望，滾吧，我們將會成立另一個政府。』……但我們的蘇聯人民，特別是俄羅斯人民，並沒有那樣做。」以難得的謙遜，史達林向俄羅斯人民祝酒，表示感謝他們的「信賴」。

戰後

一九四五年六月二十四日，莫斯科紅場舉行了第一次勝利日慶祝大會。朱可夫元帥騎在一匹白馬上，成為了萬眾的焦點。（史達林先前因為擔心自己已經六十六歲，不確定騎術是否還行，推辭了這個角色。）一個對國家認同至關重要的英雄神話於焉誕生——這裡說的「國家」不只是指蘇聯，還是指後蘇聯時代的俄羅斯聯邦。自一九四六年之後，幾乎每年的五月九日都會在紅場舉行勝利日慶祝大會。在蘇聯人看來，這個勝利是輝煌燦爛的，但它是付出巨大代價而獲得，基本上只屬於蘇聯一國，其他盟國只扮演輔助角色，而在太平洋的戰爭也只是附帶事件。這樣一種大戰觀當然是與西方盟國所秉持的不同，但卻沒有人反對蘇聯的貢獻極其重要，而它的死傷也非常慘重。

在二次大戰以前，蘇聯在國際舞台上有點受到輕賤，但到了大戰結束它已經是個新興的超級強權。三巨頭（史達林、邱吉爾和羅斯福）一九四五年二月在克里米亞的雅爾達會議上會勾勒出大戰後世界的輪廓。就連這個會議的選址都顯示出蘇聯的新地位。史達林不喜歡飛行，不願意離開蘇聯國土，所以老邁的羅斯福和邱吉爾就長途跋涉，移樽就駕。在雅爾

瀟灑的朱可夫元帥在莫斯科的勝利遊行騎在一匹白馬上，1945年6月24日。

達，英美承認蘇聯在東歐的利益優先，從而讓它可以創造一個緩衝區，保護自己免受德國未來的可能入侵。但很快就變得明顯的是，隨著英國帝國國力的急速衰退，三巨頭將會縮減為兩巨頭。邱吉爾甚至在波茨坦會議期間輸掉大選，失去首相之位。美國和蘇聯將會是戰後兩大超級強權，不再是盟友而是意識形態和地緣政治上的對手。

力量的天秤強烈向美國傾斜，在冷戰早期尤其如此。美國因為打贏第二次世界大戰而變得更加富有和強大，深信自己的民主原則和生活方式要比共產主義優越，而且在當時也是唯一擁有原子彈的國家。蘇聯在戰後貧窮和經濟凋敝，沒有原子彈（但貝利亞和他手下的科學家正在研發），又同樣深信自己的道德優越性。現在，它在中歐有了一批由蘇聯支配的國家做為對抗西方侵略的緩衝地帶。起初它甚至希望（美國則是擔心）西歐會追隨蘇聯的榜樣，成為共產國家——特別是法國和義大利這兩個有受歡迎的共產黨的國家，但也包括未來統一後的德國。「我們都太希望這樣的事情發生了，所以我們全都以為它將會發生。」赫魯雪夫日後回憶說。不幸的是，美國用馬歇爾計畫介入，對備受蹂躪的歐洲進行巨大經濟補貼，所以「所有這些國家都留在資本主義裡，而我們都失望了。」戰後，共產革命真正有進展的地方是在亞洲。金日成於一九四八年在北韓建立了蘇聯扶持的共產政權，毛澤東的共產黨在一九四九年席捲中

1945年7月至8月間波茨坦會議上的史達林。

國（它主要是靠自己的力量，只得到莫斯科最起碼的支持）。這是好事，只要中國明白它在世界共產主義運動中只是小弟弟。不過蘇聯對這種發展的歡欣之情不及美國的驚恐之情那樣明顯。

馬歇爾計畫並沒有認真資助蘇聯，而在蘇聯的壓力下，東歐的蘇聯集團國家也沒有接受該計畫的資助。但蘇聯的戰時損失厥為巨大，重建之路困難重重。根據現在的一般估計，二戰讓蘇聯人口減少了兩千七百萬到兩千八百萬。不過在史達林的時代，為了不想顯得國力太弱，官方數字是七百萬。戰爭期間撤退到東部的一千兩百萬人必須准予返鄉，而戰時八百萬軍隊的大部分必須准予復員。另有五百萬人在戰爭結束時人在德國，身分是戰俘或奴工。克服一些困難，蘇聯將其中四百多萬人送回國，但有估計大約五十萬人仍然留在資本主義世界，加入了一九二〇年代早期「第一波」移民的行列，擴大了反蘇移民團隊的規模。德軍對蘇聯第二大城列寧格勒的封鎖持續超過三年，殺死了一個大比例的市民。根據蘇聯的統計數字，就全國而言，有幾乎戰前三分之一資本存量被摧毀，而在占領區，因為德軍撤退時採取焦土政策，有三分之二的資本存量受到摧毀。

東歐讓蘇聯和西方同盟國關係持續緊張，這是因為蘇聯在東歐強行成立一些不太受民眾歡迎的共產主義色彩政府。雅爾達協議雖然暗示有一個「蘇聯集團」將會在東歐成立，但西方同盟國現在有了不同的感受——對有龐大族群遊說力量存在的美國尤其如此。受到英美兩國領袖的慫恿，已經下野的邱吉爾在密蘇里州的富爾頓（Fulton）發表了一篇著名演講，其中指出因為蘇聯的「擴張和傳教傾向[2]」，一道鐵幕已經把歐洲一分為二，而這個歐洲「顯然不是當初我們奮戰去建立的被解放歐洲。」蘇聯間諜

2 譯注：傳教傾向指傳播共產主義的傾向。

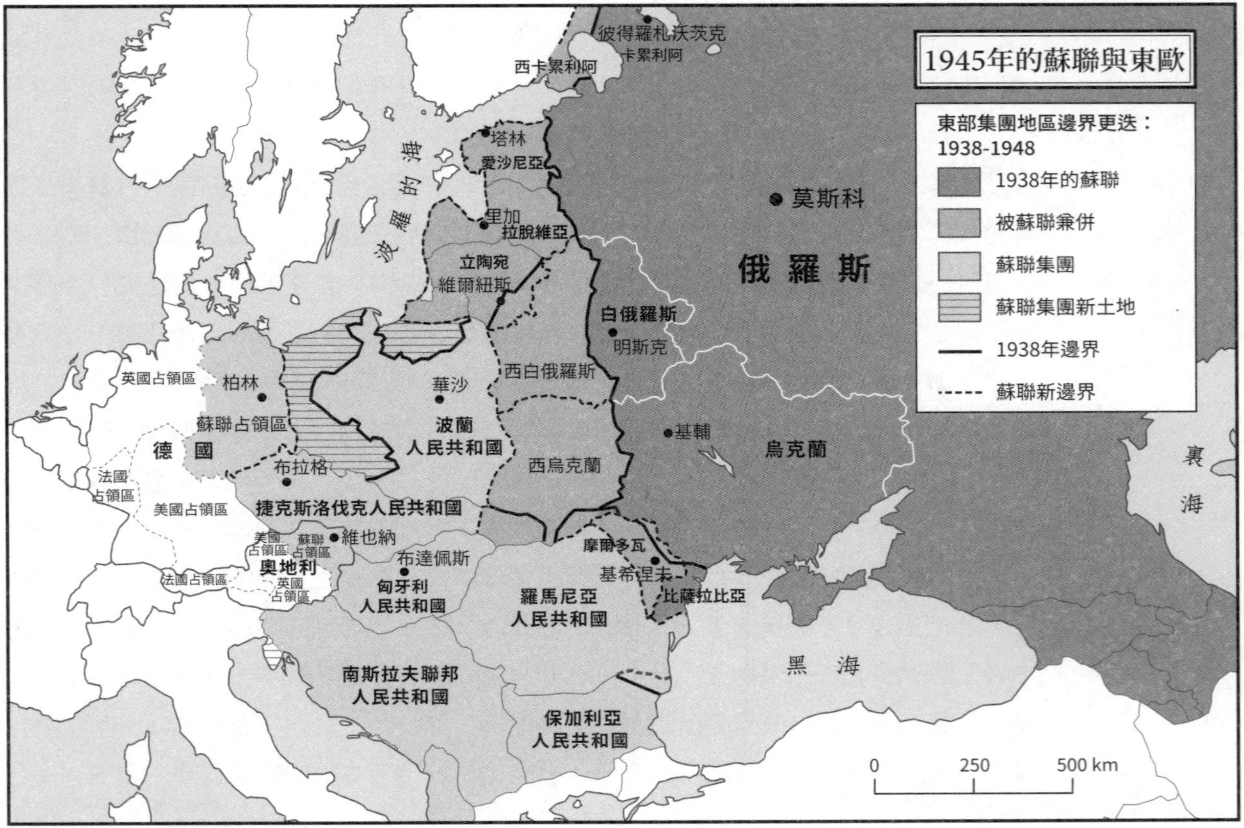

1945年的蘇聯與東歐
東部集團地區邊界更迭：
1938-1948
1938年的蘇聯
被蘇聯兼併
蘇聯集團
蘇聯集團新土地
1938年邊界
蘇聯新邊界
莫斯科
俄羅斯
彼得羅札沃茨克
卡累利阿
西卡累利阿
波羅的海
塔林
愛沙尼亞
里加
拉脫維亞
立陶宛
維爾紐斯
白俄羅斯
明斯克
西白俄羅斯
華沙
波蘭
人民共和國
西烏克蘭
基輔
烏克蘭
裏海
英國占領區
柏林
蘇聯占領區
德國
布拉格
法國占領區
美國占領區
捷克斯洛伐克人民共和國
美國占領區
蘇聯占領區
維也納
奧地利
法國占領區
英國占領區
布達佩斯
匈牙利
人民共和國
摩爾多瓦
基希涅夫
比薩拉比亞
羅馬尼亞
人民共和國
黑海
南斯拉夫聯邦
人民共和國
保加利亞
人民共和國
0
250
500 km

伊格爾・古琴科（Igor Gouzenko）在加拿大的叛逃引起了對間諜活動的狂熱關注，而參議員約瑟夫・麥卡錫（Joseph McCarthy）在美國國務院和美國軍隊裡面搜尋共產主義滲透者的行動引起了更多的驚惶和騷亂。一九四八年，美蘇就柏林引起的衝突幾乎升高為戰爭，而蘇聯核子試爆的成功也讓西方對蘇聯的企圖深感憂慮。一九五二年，美國政府把兩個將核子機密交給蘇聯的紐約猶太人羅森堡夫妻（Julius and Ethel Rosenberg）處決。一九五三年，蘇聯科學家在伊格爾・庫爾恰托夫（Igor Kurchatov）的領導和貝利亞的監督下製成了一枚氫彈。在很多人看來，一場將會帶來難以想像核子殺傷力的第三次世界大戰不只可能發生，還是大有可能發生。

大戰期間人們都夢想戰爭如果勝利的話，政治將會放鬆，生活將有普遍改善。就連和史達林親近的政治局成員米高揚亦期待，戰時社會關係產生的「同志民主主義」會延續至和平時期。然而，有鑑於緊張的國際局勢和必須在沒有外援下重建經濟的巨大挑戰，這些夢想從來沒有獲得實現。那些期待審查制度會在大戰後放寬的知識分子失望了。期待能像戰時那樣繼續擁有自己土地的農民戰後發現集體農場重新確立，他們的生活水平直直落。役夫（村莊村民、都市青少年和從歐洲返回的奴工）和古拉格囚犯在勞動力中所佔的比例比戰前還要高。國家的經濟困難因為一九四六至一九四七年發生在蘇聯西部的一場饑荒而加劇——政府對這場饑荒的處理沒有像一九三三年那樣拙劣，但它仍然讓戰後的凋敝雪上加霜。

共產黨成員的成分已經發生改變，人數亦大量增加：在戰前最後幾年增加了近兩百萬人，大戰期間又增加了相似數目，凡此皆讓黨員人數在一九四五年到達五百八十萬。大清洗之後的「三八年級」[3]包含很多年輕管理者和專業人士，他們的教育程度比他們的前任高，而戰時入黨的新成員帶來的前線兄弟情誼精神成為了黨文化的核心成分。年輕黨員的衝擊力在政府高層一樣感受得到：歷史學家茱莉・海斯勒（Julie Hessler）在檔案文件中發現財政部的一批年輕「開明官僚」曾經建議合法化都市的私部門，好讓可以對其課稅。這種激進的改革建議沒有被接受，但提議的人也沒有受到懲罰。隨著政府預算在戰後的增加，花在社會福利、教育和大眾健康的錢亦告增加。醫生的人數在一九四〇年代增加了一倍，在一九五〇至一九五六年間又增加了三分之一，讓蘇聯的醫生人數成為當時世界上最高。歷史學家克里士多夫・伯頓（Christopher Burton）認為，這個時期的蘇聯公共健康系統終於走上軌道，即將要涵蓋全民（在一九三〇年代僅程度不一地照顧有大小特權的人）。

讓人頗為驚訝的是，自由化可以在戰後生活的很多領域看見。東正教教堂在戰爭結束時被允許重開，刺激起一個微型的宗教復興。那些有幸在史達林晚期進入莫斯科大學就讀的人——包括戈巴契夫（Gorbachev）和他太太蕾莎（Raisa）——覺得自己是得天獨厚的一群，有機會在蘇聯完成建設社會主義的工作和修正它在戰前的缺陷。在回顧年輕時代的時候，戈巴契夫團隊將會總是覺得那是一個充滿希望、知識發現和理想主義的時代。美國研究在莫斯科的大學是一門特別誘人的課程，吸引到史達林女兒斯韋特蘭娜（Svetlana）和其他政治局成員的子女修讀，他們所屬的世代將會愛上美國作家海明威。根據警察對大眾情緒的報告（這相當於蘇聯的民意調查），民眾對美國有好感（「是對它的人民如此，不是對美國政府」）。儘管有冷戰存在，這種情形將會持續幾十年。

另一類自由化表現在貪污受賄的大行其道，甚至連高等法院都傳出醜聞。騙子喝香吃辣。他們其中一個是剛從古拉格獲釋的雙腿截肢者，靠著假裝傷殘戰爭英雄在政府部會搞到很多錢和稀有貨品。他的豐功偉績還被寫進給史達林讀的每週情報報告裡。大概不是巧合的是，伊利亞・伊爾夫（Ilya Ilf）和葉夫根尼・彼得羅夫（Evgeny

3 譯注：指從一九三八年起出任較高職務的年輕一代。

Petrov）合寫的暢銷小說——內容謳歌虛構騙子奧斯塔普・班得爾（Ostap Bender）——在第二年被短期禁售。

在冷戰早期，西方記者因為急於看見自由化和西化的趨勢，發表謠言指稱又老又病的史達林很快就會讓位給被認為較自由派的莫洛托夫。這些報導除了不正確，還讓莫洛托夫尷尬和被貶職。不過史達林正在老去卻是事實。他在一九四五年下半年似乎曾經發生心肌梗塞。為了健康起見，他現在每年在南部住好幾個月。而即使人在莫斯科，他的每日工作量（本來無比的多）也大為縮減。他對政策辯論的干涉愈來愈少（不過干涉起來的可是一樣的有殺傷力），而他的政治局同僚一般被容許很大程度上主導自己負責的領域（重工業、農業、貿易等等）。不再出現對政治菁英的大量清洗，但局部的清洗仍然偶而發生，例如「列寧格勒事件」導致本來政治前途看好的尼古拉・沃茲涅先斯基（Nikolai Voznesensky）名裂身死。在新獲得的西烏克蘭和波羅的海地區，蘇聯化——常讓人感覺是俄羅斯化——高壓推行。在烏茲別克，舊的黨領導階層在大清洗之後被新的團隊取代，後者同樣是本土人士，但受過較多的蘇聯教育，致力於充當莫斯科和傳統心態的伊斯蘭教民眾間的調和者。

以讓人熟悉的辯證正方式，自由趨勢和反動趨勢並存在史達林的晚年。在反動趨勢一邊，農業科學家特羅菲姆・李森科（Trofim Lysenko）的反基因學工程運動獲得官方的支持，藝術和科學方面的創造力普遍受到抑制。這也是一個仇外心態益發得到官方支持的時期：學校課本會告訴學生發明無線電的是俄國人亞歷山大・波波夫（Alexander Popov），不提義大利人古列爾莫・馬可尼（Guglielmo Marconi）；與外國人接觸變得危險；法律禁止蘇聯公民與外國人結婚。

最讓人震驚的是反猶太主義的高漲，而這看來是有官方授意。反猶太主義在俄羅斯是一個熟悉的現象，沙俄時代晚期即不時發生暴力攻擊猶太人的事件。但布爾什維克因為有大量猶太人黨員，又一向敵視反猶太主義，認為那是一種民族歧視，所以一般來說不存在這種傾向。史達林的政治局只有一個猶太人（卡岡諾維奇），但有一半以上成員有猶裔妻子或猶裔繼子女。在一九三〇年代形成的蘇聯知識分子階層包含頗重猶太人成分，對反猶太主義不能容忍。這一切讓準官方反猶太主義在一九四〇年代晚期的突然風行更加讓蘇聯大眾（至少是蘇聯菁英）感到厭惡和震驚。固然，二戰期間便出現了反猶太主義愈來愈流行的警號。一九三九年《德蘇互不侵犯條約》之後的領土兼併讓蘇聯人口增加了兩百萬猶太人，更不用提的是新兼併的西烏克蘭和西白俄羅不知有多少反猶太主義者。在德國人發動攻擊之後，這些猶太人很多逃到了或被放逐到了西伯利亞、哈薩克和中亞。不久，莫斯科就收到報告，說是在歷史上少有猶太人口的地方，反猶太主義有升高趨勢。有謠言稱，俄羅斯人在大戰中首當其衝，猶太人卻是「在塔什干（Tashkent）[4]坐等戰爭的結束。」

譴責反猶太主義的官方辭令從不改變，但到了一九四七年，反對外國影響力的運動（最初只是一種仇外運動）染上了明確無疑的反猶太色彩，專用「沒有家園的世界主義者」一語來指稱猶太人。「猶太反西斯法西斯委員會」被解散（這組織是二戰期間為國際宣傳和籌款的目的而成立），領導成員被逮捕。他們連同他們的政治保護人索洛蒙．洛佐夫斯基（Solomon Lozovsky）在一九五二年夏天被一個閉門軍事法庭上判決叛國罪名成立，遭到處決。反猶太人的高潮是當局在一九五二年十二月宣布揭穿一個「醫生陰謀」，說是克里姆林宮醫院的一些醫生想要殺害政治局成員和為外國刺探情報。報紙報導雖然沒有正式指認這些醫生為猶太人，但他們的全名和父姓被登了出來，讓他們的族群所屬無所遁形。譴責猶太人坐擁特權和腐敗的言論蔚為流行，又有謠言四起，稱政府計畫像是對付車臣人和克里米亞韃靼人這些「叛徒」民族一樣，把所有猶太人流放到內地。

這個半隱蔽的反猶太運動看來是史達林的主意，它令幾乎所有政治局成員感到不安。剛好在同一時期，史達林也堅決打擊他在政治局最親密的一些同事（主要包括莫洛托夫、伏羅希洛夫和米高揚），指他們跟美國人和猶太人勾結。莫洛托夫和米高揚既然分別是主管外交和外貿，自然與美國人有廣泛接觸。新建的猶太人國家以色列（史達林曾經支持其創建）現在變成了美國有實無名的盟友。莫洛托夫的猶裔妻子在一九四九年因為同情猶太復國主義被捕和遭流放。但真正有危險的不只是莫洛托夫。那種曾經在一九三六至三八年間把幾乎所有前反對派（不管左派或右派）、托洛茨基和他的「外國支持者」連結在一起的惡性想像力會毫無困難地把貝利亞（他是以色列的一貫支持者）、卡岡諾維奇（他是猶太人）和馬林科夫（他女兒嫁給了洛佐夫斯基的兒子）也扯進來，而且誰又知道還有誰會被捲入史達林看來正在打造的新莫斯科「裝樣子審判」中？這可以解釋一個本來很異乎尋常的事實，那就是當史達林在一九五二年最後幾個月設法要把莫洛托夫和米高揚排擠在政治局的人際關係網絡之外時，其他的政治局成員無一配合他。

兩大超級強權的緊張關係一直持續升高，現在雙方都已擁有核彈。蘇聯陸軍的規

4 譯注：塔什干為烏茲別克首都，是很多逃避戰火的猶太人落腳的城市。

模從一九四八年的不到三百萬上升到一九五三年的超過五百萬。在一九五〇年年中，蘇聯的附庸北韓入侵美國的附庸南韓（不過此舉是不顧史達林的強烈反對）。在接下來三年的韓戰中，蘇聯名義上不是交戰國，但美國和中國兵戎相見。美國對共產主義擴散的擔心導致共和黨拒絕履行雅爾達協議，要求解放共產集團中的「臣虜國家」。赫魯雪夫後來回憶說：「在史達林死前的一段日子，我們都相信美國一定會入侵蘇聯，我們將會踏入戰爭。」史達林本人怕得要命，設法避免給予對方攻擊的藉口（一九四一年情況的翻版）。我們有理由認為，這是對約翰·杜勒斯（John Foster Dulles）的解放派論調的反應——他在共和黨人艾森豪於一九五二年十一月當選美國總統後成為國務卿。如果在回顧中這種反應像是一種過度反應，當時的恐懼不會因此減少。在克里姆林宮看來，每個方向都有威脅若隱若現，每個夜行人都有可能是啟示錄裡的四騎士之一。[5]

末日確實是近了，但來到的並不是最後審判，甚至不是一場資本主義者的入侵。我們永遠不可能知道蘇聯的政治權術在一九五二至一九五三年間的冬天本來會玩出什麼花樣，因為它被上帝的一個舉動突然打斷：史達林在一九五三年三月五日撒手人寰。他死於心肌梗塞，死的時候一個人待在他的鄉間小屋裡。阿曼多·伊安努奇

（Armando Iannucci）在二〇一七年拍攝的《史達林之死》（*The Death of Stalin*）將這個時刻不朽化：不管這齣電影對細節的考證有多麼漫不經心，仍然捕捉住了當時的黑色喜劇特質。在發現史達林昏迷不醒之後，政治局成員被匆匆召來，但卻遲遲沒有去找醫生。畢竟，有鑑於大部分克里姆林宮的醫生（包括史達林自己的一位）都在坐牢，又要到哪兒找醫生呢？有些政治局成員有可能因為史達林的將死而鬆一口氣，但沒有證據顯示他們是刻意拖延。他們在床邊守候，多多少少聽從貝利亞的指揮。甚至在史達林呼出最後一口氣以前，政治局成員（包括本來被逐的莫洛托夫和米高揚）就已經在他的克里姆林宮辦公室開會，決定新政府的人事和撰寫新聞稿。這種事尋常得到了近乎怪誕的程度：末日的凶兆明顯隨史達林之死而消失了。蘇聯現在有了一個新的「集體領導班子」：事實上就是史達林的政治局，只不過少了史達林本人。這個矛盾的意義有賴時間來披露。

5 譯注：根據《聖經．啟示錄》，四騎士是世界末日前從天而降為世界帶來巨災的人。

5

從「集體領導」到赫魯雪夫

FROM COLLECTIVE LEADERSHIP TO KHRUSHCHEV

★

就像甘迺迪總統的死訊之於美國人那樣，每個蘇聯人都會記得他們是在哪裡聽到史達林的死訊。有些人無疑會在私底下興高采烈，但很多人的即時反應是悲痛，夾雜著對未來的恐懼：沒有了史達林照顧我們，我們要怎麼辦？出殯被湧上街頭的人群的互相踐踏搞亂，他們是想瞻仰領袖的遺容最後一眼或純粹是出於好奇。具有著蘇聯歷史的典型偶然性質，他們不是一群抗議者，甚至不是一群崇拜者，而更像是一群尋找意義的人。但人們在推擠中被踐踏而死，整件事情讓人覺得是一種不祥之兆。

按熟悉版本的蘇聯史所載，這個國家在送走暴君史達林之後，馬上就迎來改革者赫魯雪夫。但實際的情況還要更怪異。因為史達林才一死，他的政治局（赫魯雪夫在其中只排名第五）就立即有志一同，推出一個激進的改革計畫。這個計畫是那樣的一貫和全面，會讓人覺得它是事先就籌劃好。沒有一個政治局成員承認這一點。有鑑於史達林晚年監視嚴密，這樣做也會有相當大的風險，但我們無可避免會認為史達林的副手們曾經心照不宣地形成共識：一等時機成熟，就有必要推行廣泛的改革。

同時代人和歷史學家一般都認為，史達林最親密的政治同僚是一批沒有脊梁的傢伙，他們在領袖面前唯命是從，被其玩弄於股掌中。這批人包括莫洛托夫、米高楊、赫魯雪夫、貝利亞、伏羅希洛夫、卡岡諾維奇和馬林科夫，平均年齡是六十多歲，年紀最大的是生於一八八一年的伏羅希洛夫，最年輕的是生於一九〇一年的馬林科夫。他們都同時以共同執行者和潛在受害者的身分經歷過大清洗，二次大戰期間同心協力，戰後百般忍隱（這段期間史達林常常缺席，行事愈來愈行事古怪，到最後大概還想要他們的命）。我們可能會認為，他們的基因裡包含著效忠史達林的DNA。不過雖然他們從來不敢駁斥史達林，但他們大部分人私底下明顯對他抱有懷疑和保留。一件有說明性的軼事來自斯捷潘·米高揚（Stepan Mikoyan），他是政治局成員米高揚的兒子。為了讓父親讚賞，他告訴父親，他在出殯前瞻仰了史達林的遺容，向這位領袖致上最後的敬意。沒想到他父親卻說：「你這是在浪費時間。」自小被父親教導要敬重史達林的斯捷潘感到震驚：「這是第一個有可能會有人對史達林不以為然的跡象，而這跡象來自我父親。」

在新政府中，馬林科夫擔任部長委員會主席的最高政府職位；貝利亞繼續擔任安全首長的舊職，看來是最活力十足的人物；莫洛托夫重新領導外交事務，是老成持重的政治家。米高揚負責貿易，尼古拉·布爾加寧（Nikolai Bulganin）負責國防（二戰英雄亞歷山大·瓦西列夫斯基元帥〔Aleksandr Vasilesky〕和朱可夫元帥擔任他的副手），赫魯雪夫是黨書記（不是史達林那樣的總書記）。

史達林喪禮的兩日後，貝利亞釋放莫洛托夫被放逐的妻子，讓他從哈薩克飛返莫斯科與丈夫團聚。激進的政策改革馬上實施，以讓人炫目的速度接踵登場。在貝利亞的建議下，停止追究「醫生陰謀」，醫生們被釋放，報章刊出了他們獲得自由的消息。也是在貝利亞的建議下，當局對於古拉格進行了大赦，先是赦免一百萬非政治犯，繼而把赦免對象擴大至政治犯，只不過步伐較為漸進。在波羅的海的三個加盟共和國，俄羅斯化的過程被逆轉。貝利亞堅持以迅速的步伐起用在當地人。（當拉脫維亞的祕密警察部門告訴他，他們已經沒有不是在民族主義者黑名單上的候選人，貝利亞回答說有沒有在黑名單上無關緊要。）史達林的名字本來無處不在，卻忽然從報紙消失。出版他的文集的工作突然叫停。農業改革被引入，以提高鄉村地區生活水平。零售價格被大砍，而馬林科夫親自監督，讓城市裡有更多消費商品可買。有改革心靈的人被任命為重要文學雜誌（有「厚雜誌」之稱[1]）的總編輯，這些雜誌在史達林的時期不過是政府的傳聲筒。

政治局團隊現在自稱是「集體領導班子」。當他們在公眾面前亮相時，觀察者注意到他們的互動輕鬆自如，非常不同於史達林時期的拘謹呆板。美國特派員哈里森·索爾茲伯里（Harrison Salisbury）認為這些蘇聯新領袖「像在皮革質地仙人掌上盛放的花朵」。美國政府對這種改變的反應較為緩慢，儘管蘇聯新領袖們竭盡所能發出訊號。馬林科夫在史達林喪禮上發表的輓詞熱情呼籲和平與國際合作，只敷衍性地提到死者。史達林離世幾個月後，蘇聯同意調停韓戰。艾森豪總統注意到這些表態，不知道是不是應該認真對待，但他被杜勒斯說服，改而相信狡猾的蘇聯本性難移。新學科「蘇聯學」的專家們（他們打著「認識你的敵人」的旗號做研究）作證說蘇聯和納粹德國之類的極權社會是不可能出現改革，只會在戰敗之後垮台。美國的不為所動讓政治局中的強硬派（例如莫洛托夫）更有底氣，他們一直認為向西方遞出橄欖枝毫無意義，因為帝國主義者本性難移。

一九五三年六月，蘇聯的集體領導團隊趕走然後處決它自己的一個成員：最精力充沛和激進的改革分子暨祕密警察頭子貝利亞。他們擔心貝利亞知道太多他們的不光彩底細，擔心他會利用各共和國和區域領導人的黑資料建立一個全國性的支持網絡，擔心他在家鄉喬治亞鼓勵對他的個人崇拜，也擔心他並不真正在乎社會主義。他們也認為他太過愛現，對同僚缺乏真正的尊重。（卡岡諾維奇受夠了貝利亞所說的：「我是

1 譯注：其篇幅都在兩三百頁，而且內容兼及社會、政治和思想。

權威，我是自由派，史達林死後是我給予特赦，是我揭發真相，一切都是我的功勞。）貝利亞的被捕（此事讓他震驚莫名）是赫魯雪夫一手策畫，這事情也標誌著他邁向後史達林時代領導階層前列的第一步。與反貝利亞行動並行的是巨大的抹黑運動，特別是在他的性生活上做文章（這在蘇聯是非典型的）。一個閉門軍事法庭在一九五三年十二月以叛國罪判他死刑。

西方普遍認為，大權在握的蘇聯政治局必然會想要一個領袖，所以就定義，一九五三至一九五七年的「集體領導」階段只是一個過渡期，期間未來的領袖會脫穎而出，擺平對手，就像一九二三到一九二七年曾經有過的那樣子。蘇聯的大眾和政治菁英十之八九也是這樣想——但只到某種程度。蘇聯固然有一個由最高領導人主掌一切的傳統，但也有一個集體領導的傳統。後者指的是一小群黨領袖組成的群體（一般稱為政治局，但在一九五二至六六年稱為「主席團」），其成員分管國防、貿易、重工業等不同領域，但大家又常常與最高領導人一起開會，處理政府最困難的工作。這是列寧手底下的模式，也是史達林手底下的模式（但細節上有所變更）。對後史達林時代的新領袖們來說，同時有一個政治局和一個最高領導人是常態，有一個政治局而沒有最高領導人也算是常態，但反過來說卻不然。所以看起來，在史達林死後，新領導階層有一些成員——包括馬林科夫、米高揚和莫洛托夫（莫洛托夫最初是最高領導人的最熱門人選）——衷心想要一個沒有新最高領導人的集體領導班子，而其他人（主要是貝利亞和赫魯雪夫）卻私底下想贏得最高領導人的大位。

這個集體領導班子是一個改革派班子，但他們沒有宣布要改革，只光做不說。這部分要是要避開那個棘手的問題：他們和他們的舊老闆史達林是什麼關係？他們和史達林的血腥統治是什麼關係？除掉貝利亞有助於解決這個問題，因為做為保安頭子，他可以被醜化為史達林的邪惡教唆者，讓他為恐怖行動負責。不過很難把集體化的過火也歸咎給他，因為他當喬治亞書記時曾經成功大力抑制集體化；也很難把大清洗歸咎給他，因為他是在大清洗快結束之時才被調到莫斯科收拾善後。

幾次大清洗已經過去了近二十年，但要怎樣對待它們卻成為了一個愈來愈棘手的問題。受害者陸續從古拉格返回，他們接觸老朋友（包括集體領導班子的成員），講述令人髮指的舊事。他們想要恢復名譽，更別提他們想要回他們的莫斯科戶籍和公寓。有改革心態的雜誌想要發表他們的回憶錄。「眼不見心不煩」愈來愈是站不住腳的策略。一九五五年十二月，中央委員會書記彼得・波斯別洛夫（Peter Pospelov）——他是知名的強硬史達林主義者——奉命率領一個委員會調查大清洗的真相。調查結果是一份令人震驚的七十頁報告，其中指出在一九三五至一九四〇年之間，有近兩百萬人因為反蘇聯活動罪被捕，有六十八萬八千五百零三人被槍決。政治局內部辯論該怎樣對待這些發現（這些發現不用說一定會外流出去）。米高揚（他從不特別嗜血而且自一九五四年起就是前政治犯平反委員會的主席）主張和盤托出，而伏羅希洛夫、卡岡諾維奇和莫洛托夫因為涉入大清洗最深，不是那麼踴躍。最後，赫魯雪夫採取主動，一九五六年二月二十五日在第二十次黨代表大會發表了一個不在排程之內的報告。

赫魯雪夫演說的最驚人部分是關於史達林的恐怖行動對於黨較上層梯隊的衝擊。當他指出有七成中央委員會成員（一百三十九人中的九十八人）成了大清洗的受害者時，代表們倒抽一口涼氣。他又指出：「如果史達林同志再多掌舵幾個月，那麼莫洛托夫同志和米高揚同志十之八九無法在這個大會上發表任何演說。」（代表們再次倒抽一口涼氣）。然後，赫魯雪夫批評了集體化的「過火」（但沒有批評集體化本身），批評了史達林一九三七年對軍方高級將領的摧毀，批評了他在大戰期間所犯的「小錯誤」（特別是有關烏克蘭的那些，當時赫魯雪夫是烏克蘭黨書記，曾與史達林發生衝突），批評了戰時把車臣人和克里米亞韃靼人等少數民族放逐之舉，又批評了史達林晚年炮製的「列寧格勒事件」和反猶太運動。他甚至暗示，基洛夫的遇刺可能是史達林在背後指使。

赫魯雪夫的演說在西方被稱為「祕密演說」，因為蘇聯確實花了一些工夫將演說保密，不讓西方知道。（但徒勞無功；與會的波蘭代表把內容洩漏出去，然後中情局又把它傳遍世界。）不過在國內，它完全不是祕密，因為在全國各地舉行的黨會議中被全文讀出，而這些黨會議又不只是對黨員開放。隨之出現了熱情的公眾討論，很多人各有不同的觀點。老兵們不樂見史達林的戰時領導能力受到批評，學生和知識分子對這件事隱含的文化自由化前景感到興奮。在一些俄羅斯外省城鎮，「祕密演說」激起人們對地方黨領導階層腐敗的攻擊；在中亞，被掀起的議題是行政管理階層俄羅斯人的「殖民主義」態度。在蘇聯境內，唯一確實發生騷亂的地方是喬治亞的提比里斯（Tbilisi）：一群人群在史達林逝世三週年紀念日發起示威（主要是和平示威）。三日後，一個軍事單位向群眾開火，殺死二十一人。

東歐的情況卻是另一回事：「祕密演說」在波蘭和匈牙利引發危機。波蘭共產黨領袖博萊斯瓦夫．貝魯特（Boleslaw Bieru）——他當時在莫斯科住院——讀完「祕密演說」的內容之後死於心臟病。在波蘭，剛出獄的瓦迪斯瓦夫．哥穆爾卡（Władysław Gomulka）企圖在沒有得到莫斯科的同意下成為波蘭的黨領袖，又發生示威，要求解除波蘭出生的蘇聯公民羅科索夫斯基元帥的國防部長之職。情勢是那麼的讓人震驚，以致幾乎全部蘇聯政治局的成員——加上朱可夫元帥和華沙公約組織司令伊凡·科涅夫（Ivan Konev）——都飛到華沙去。以接受哥穆爾卡和犧牲羅科索夫斯基做為代價之後，火被撲滅了，但不到一星期，匈牙利變成了自由落體（西方對此歡呼喝彩）。十月，經過痛苦的漫長討論和幾度改變態度之後，蘇聯部隊被派進布達佩斯。這最終穩定了局勢，避免了蘇聯最害怕的事情發生（即有東歐國家脫離華沙公約組織），但卻付出了極大的聲望代價。西方的政府和一般民眾都對蘇聯鎮壓匈牙利革命深感憤怒。中國是蘇聯這次行動的少數支持者之一，但毛澤東卻因為另一個理由而不高興，即不高興赫魯雪夫譴責史達林。在中國共產黨人看來，這大有可怕的「修正主義」味道（其表現是失去革命的火熱和對資本主義軟弱）。

赫魯雪夫雖然在名義上仍然與政治局其他成員平起平坐，但他業已展現實力，把馬林科夫（蘇聯政府首腦）從舞台中央推開，又開始挑戰莫洛托夫。一九五五年，他和隨從布爾加寧到歐洲去交朋友[2]，兩人穿著一樣的寬大紫色西裝到處轉，在西方媒體的眼中蔚為奇觀。雖然和西方發展好關係一事因匈牙利事件而受挫，但提升蘇聯在第三世界的形象的工作卻沒有慢下來：赫魯雪夫和布爾加寧在一九五五年訪問了印度，朱可夫元帥隨後跟進，被拍到坐在一頭大象上。

西方人認為赫魯雪夫是個低級的滑稽人物，而蘇聯本國人很大程度上對他也是這種觀感。知識分子階層特別是這樣認為，但較廣大的蘇聯民眾同樣更加喜歡看到他們的領袖更加莊重。不過，大位誰屬在蘇聯並不是由人民投票決定，而赫魯雪夫對貝利亞的消滅業已顯示出他的烏克蘭農人襯衫下面藏著一個狡猾的政治行家。一九五七年，當大多數的政治局同僚想要對付他的時候，他反將一軍，成為了勝利者，又給對手（包括卡岡諾維奇和莫洛托夫）貼上「反黨集團」的標籤。他們的敗北是由黨中央委員會一個特別會議炮製（政治局成員就是由中央委員會選出）。就像史達林時代那樣，很多中央委員會成員都是區域黨書記，而也像史達林那樣，赫魯雪夫因為是莫斯科書記部的首腦，所以有權監督黨職的人選。為防「起事」會出任何差錯，他還把朱可夫拉進來，不過由於一切順順利利，最後無須動用軍隊。

這是蘇聯第一次改朝換代而沒有流失敗者的血，赫魯雪夫對此感到自豪。這確實是個愉快的先例，他在七年後輪到他下台時無疑有理由慶幸有這樣的先例可援。除米

2 譯注：指參加一九五五年的日內瓦高峰會議（美蘇英法四國領袖與會）。

高揚外，所有舊人都在政治局重選中落選，被派到遠離莫斯科的地方擔任較低職務：卡岡諾維奇在烏拉山領導一間鉀肥工廠，馬林科夫在哈薩克管理一座水力發電站，莫洛托夫出任蘇聯駐外蒙古大使。（馬林科夫和莫洛托夫都惱人地表現出傑出的工作倫理，把新工作做得有聲有色，以致必須要調至更低職位。）

赫魯雪夫時期

即使赫魯雪夫不是像人們常主張的那樣，是後史達林時代改革的發動者，他仍然是個精力十足的創新者，曾帶領蘇聯走過它經濟最成功的歲月。在整個一九五〇年代，「國民生產毛額」每年成長近百分之七，反觀美國是少於百分之三（但蘇聯「國民生產毛額」的基期當然是較低）。一九六〇年的工業生產量幾乎是一九五〇年的兩倍和一九四〇年的四倍，農業生產量也是向上走。到了一九六二年，有超過一半蘇聯人口是住在城市。成人識字率在一九二〇年代中葉只有五成多一點，現在則接近十成。現在都市居民和甚至鄉村居民都有了新的消費商品可買：到了一九六五年，有百分之三十二家庭擁有電視機，百分之十七家庭擁有冰箱，百分之二十九家庭擁有洗衣機。平均壽命在一九二〇年代中葉低於四十歲，二十年後是六十五歲，落後美國已經不是太多（美國在一九二〇年代遙遙領先）。這是蘇聯歷史上唯一一次，「蘇聯很快會趕上、超越西方」的論調（赫魯雪夫就是這樣大聲主張）有可信性。

做為改革家，赫魯雪夫的強項是志向遠大。他的行政管理經驗是在史達林第一個五年計畫的高峰和一九三〇年代早期的文化革命中養成。他設法要重新恢復兩者的精神。例如，他雄心勃勃的「處女地計畫」（設計來開墾哈薩克大面積的土地以種植穀物）不只是要靠國家的大規模投資推行，還是要靠喚起年輕人的熱忱和冒險精神。在赫魯雪夫看來，建設社會主義就是要這樣建設法。就像他在退休後所寫的回憶錄中帶點憂愁所說的，他從來沒有忘記一個運動的「歡樂和興奮」向他顯示「只要得到人民的信賴，我們的黨可以有多大力量。」赫魯雪夫時代鼓勵的草根參與的另兩個例子是地方層次的「同志法庭」[3]和自願的「人民志願糾察隊」（類似蘇聯版的「居民聯防」）。共產黨黨員人數從一九五四年的略少於七百萬增加到一九六四年的一千一百萬——仍然以男性佔絕大多數，但女性也緩緩上升到了百分之二十一。

3 譯注：法官在公民中選出，負責審一些小案子。

當然，「人民志願糾察隊」也可能轉變成霸凌不從眾的人的工具，而赫魯雪夫的「參與社會主義」包括了一些打擊「社會寄生蟲」的運動（「社會寄生蟲」是指那些不工作、靠著在灰色經濟邊緣討生活的人）。忠於他年輕時候的文革精神，赫魯雪夫也扭轉了大戰後對宗教較歡迎的趨勢，下令關閉教堂，騷擾神職人員，在大學裡設立必修的「科學無神論」課程。在鄉村的層次，宣傳人員指出宇航員現在已經可以飛出太空，而他們沒看見任何上帝的跡象。「救主基督大教堂」本來矗立之處（在一九三〇年原擬建一座蘇維埃宮未果）被改建為一個一年四季開放的戶外泳池，冬天有用蒸氣加熱的溫水供游泳。

在赫魯雪夫看來，蘇聯是工人革命的產物，而他從來沒有失去對工人和農人的認同。在一九三〇年讓他能夠入讀工業學院的優惠性差別待遇政策早已經從蘇聯本部消失（在東歐和在一九三九年兼併到蘇聯的領土則仍見得到一些），然而赫魯雪夫覺得它們是好政策，想要恢復過來（此舉讓教育專業和知識分子感到惱怒），但只獲得部分的成功。

小學教育在一九三〇年代已近於普及化，而在一九五〇年代和一九六〇年代，中學教育以跳躍速度擴張。在一九三九至一九五九年之間，十歲和以上人口中有過部分小學教育的人的比例增加了兩倍多，這個比例在下一個普查間隔期[4]期間繼續增加，以至於在一九五九至一九七〇年之間，二十到二十九歲有讀過中學的人增加了一倍，達百分之五十三。

蘇聯本來就一直有志成為福利國家（儘管從來沒有用這個詞語），而在赫魯雪夫主政的時期，這個夢想開始成真。當英國經濟學家亞歷山大・諾夫（Alec Nove）在一九六〇年提出「蘇聯是個福利國家嗎？」一問時，它在蘇聯學是個新問題。諾夫的回答是「沒錯」，列舉出蘇聯的各種福利做為證據：老年年金和殘廢年金（兩者都在一九五六年一次改革後提高和普及化）、疾病和生產津貼、有薪假期和削減工作日（包括恢復被革命廢除的不用工作的「週末」）。在一九五九至一九七〇年之間，領取老年年金和殘廢年金的人數從一百萬增加至一千四百萬。

赫魯雪夫最雄心勃勃的社會福利計畫是在提供都市住房方面。自從一九二〇年代起幾乎就未見建造過新的住宅建築，所以都市人口都是擠在擁擠的公共公寓裡。如果是學生和剛從農村來的單身工人，則分別住在宿舍和營房。赫魯雪夫發動了一個大型

4 譯注：這次人口普查中間的時間。

的建築計畫，利用預鑄的材料蓋房子，讓超過一百萬人在一九五六至一九六五年間可以住進新建的公寓。這種無處不在的五層樓樓房被渾稱khrushchoby（Khrushchev〔赫魯雪夫〕和trushchoby〔貧民窟〕的合成詞），它們如雨後春筍般在新的「微型區」冒出，原定有新建的商店和交通系統做為配套，但起初很多都欠缺。不過，一百萬個家庭現在有了自己的廚房，夠幸運的話還有供父母和子女睡的單獨臥室。

圍坐在廚桌四周（換言之，是跟家人和朋友在一個私人空間中互動）可以做為赫魯雪夫時期的一個象徵，因為它讓西方所謂的市民社會可以出現——市民社會是一個分離於國家而讓公共意見可以成長的領域。同樣有助這種成長的是現在人們有了出國旅行的有限機會（史達林為了把西方文化和間諜擯諸門外，曾經緊閉邊界在。）一九三九年蘇聯只有不到五百萬受過高等教育的白領工人（勞動力的百分之三），但到一九五九年，這個人數已達八百萬，到一九七〇年又到達一千五百萬（勞動力的百分之六），而且繼續增加。在西方人眼中，這些人像是一個中產階級，但因為這個詞在蘇聯有不好的弦外之音，會讓人聯想起「資產階級」，所以他們就被稱為知識分子。他們大概還留有革命前知識分子的一些理想主義和道德使命感，但現在他們都是受蘇聯教育的農工子女。

文化上，赫魯雪夫時期在回顧中被稱為「解凍」（出自愛倫堡的同名小說的書名），暗示著嚴寒冬天後的溶雪。就像任何實際經歷過蘇聯融雪的人會知道的，融雪會帶來大量爛泥巴，而雪中埋了整個冬天的各種垃圾會突然出現，臭氣撲鼻，必須處理。赫魯雪夫的「祕密演說」就是這個過程的一部分。但「解凍」還有另外一面，那就是嚴寒冬天過後第一個春天跡象所引發的發自內心的興奮。人們頭腦發熱，認為一切都可能成就，包括共產主義：赫魯雪夫在一九六一年魯莽地預言共產主義將會在二十年內實現。

莫斯科的新住房，1963年。

對知識分子來說，現在不只可能去寫一些本來禁止的題材，而且這樣做還是一種公民義務。弗拉基米爾・杜金采夫（Vladimir Dudintsev）寫出小說《不是單靠麵包》（*Not by Bread Alone*）撻伐「官僚」，指控他們是創造性的敵人。亞歷山大・索忍尼辛（Aleksandr Solzhenitsyn）的自傳性中篇小說《伊凡・傑尼索維奇的一天》（*One Day in the Life of Ivan Denisovich*）經歷了一次和審查官的拉鋸戰之後獲得赫魯雪夫批准，刊登在「厚雜誌」《新世界》。每逢有什麼大膽的東西出現在一本雜誌，每個人都會急急買一本；每當審查官禁止什麼刊登，消息就會傳遍莫斯科和列寧格勒。藝術中也出現了形式實驗（一個畢卡索作品展在莫斯科引起轟動），但支配藝術家創作的仍然是說出真相的衝動。葉甫根尼・葉夫圖申科（Evgeny Evtushenko）在體育館向數以千計的聽眾朗誦他的詩，德米特里・蕭士塔高維奇（Dmitry Shostakovich）的新作品讓音樂會的聽眾掉淚（這些作品被廣泛理解為抗議政府對他這個孤單藝術家的打壓）。歷史學家重新發現一個可以做為現在的榜樣的民主列寧，律師重新發現一個尊重法治的列寧，經濟學家重新發現列寧的「新經濟政策」曾經讓市場經濟部分復活。

蘇聯太空計畫在一九五七年發射第一顆人類衛星「史普特尼克」（Sputnik），在一九六一年把第一個人類尤里・加加林（Yuri Gagarin）送入上太空——這些成就讓赫魯雪夫名滿國內外。美國為之震動，因為就像幾年前對待核彈和氫彈一樣，它本來假定太空探索是其自然壟斷的領域。赫魯雪夫在一九五九年第一次造訪美國時極為興奮，每一樣他看見的東西，從摩天大樓和高速公路到資本家都讓他為之著迷。（他形容，美國資本家「就像是直接從我們的內戰海報走出來，只不過他們沒有我們的藝術家總是加給他們的豬鼻子。」）西方也對他著迷，但觀感好壞參半。當他脫掉一隻鞋子敲打在聯合國的講壇以抗議把蘇聯在東歐的行徑比作帝國主義時，國內外的人都認為他有失體統。他的名言「歷史是站在我們一邊，我們將會埋葬你們」被認為是恐嚇，儘管他的原意是憤怒地重申一個馬克思主義的自明之理（即社會主義取代資本主義是歷史法則）。

但在國際關係上，有很多事情沒有如蘇聯所願。中國自一九四九年變成為共產國家之後一直受到蘇聯老大哥的監護，但它卻在一九六一年趕走國內的蘇聯專家，把世界共產主義運動一分為二。德國始終是一個長期的冷戰難題，德意志民主共和國是蘇聯集團的一部分，德意志聯邦共和國是美國的附庸。西柏林五光十色，充滿魅力，讓東德不得不興建柏林圍牆，好把國民留在田裡或留在蘇聯集團最好的工廠裡生產「德國品質的產品」。

雖然赫魯雪夫有時會被西方視為張牙舞爪的黷武主義者，他事實上對於軍事開支相當節制。在一次和艾森豪的私下交談中，兩人都同意「武裝部隊的領袖在分配預算時都很堅持要分一大杯羹。」赫魯雪夫也絕不讓軍方予取予求。他把軍隊規模削減至兩百五十萬之下（他用來支持這種做法的理由是在現代戰爭起作用的是飛彈而不是地面部隊），又同時削減軍事開支和軍官的薪資。他甚至把他原來的朋友朱可夫元帥免職，依據是朱可夫有拿破崙的野心——這是一個雖審慎卻非常不知感激的舉措，因為朱可夫在他對付貝利亞和「反黨集團」時曾伸出援手。

赫魯雪夫在聯合國大會上以皮鞋敲打講壇，1960年。

在各加盟共和國

一九六一年十月的新黨綱包含著一種對民族問題的意識形態新構想，主張蘇聯各民族的靠近最終將會造成融合，導致一種單一身分：蘇聯人。但這是一個對長期目標的提醒，而非即將強行推行的訊號。在普通百姓中，赫魯雪夫的解凍政策刺激了民族文化的復興，擺脫了史達林主義的嚴格規限，但並不是反蘇聯，也受到蘇聯政府的慷慨資助。一九三〇年代的優惠性差別待遇方案在新的地方菁英身上開花結果，他們都是受蘇聯的教育，但各有自己的民族特色。這些菁英愈來愈多人成為自己的共和國的行政管理人員，有時他們其中一個會出任共和國第一書記的最高職位。不過這種情形因地而異，取決於你望向的是哪一個共和國。

烏克蘭在赫魯雪夫時代一帆風順。打從他在烏克蘭主政的時候開始，他就交了大量烏克蘭人朋友，而他不只起用他們出任共和國的領導職位，還讓他們在莫斯科擔任高職。如果說史達林對烏克蘭人的不信任導致他們在中央委員會的代表比例偏低，那麼他們的人數就在赫魯雪夫時期急速升高，從一九五二年的十六人上升到一九六一年的五十九人（這個數目相對於人口數來說是略略偏高）。歷史上就是一個工業發電機，烏克蘭在歷經急速的戰後工業重建後東山再起，現在有更多工業是由共和國自身掌握。一九五四年，赫魯雪夫實現了他在一九四四年擔任烏克蘭黨書記時便形成的雄心，把克里米亞的管轄權從俄羅斯手中轉移給烏克蘭（這為後蘇聯時代埋下了隱患）。

中亞各共和國——它們是在一九二〇年代早期被有點人為地創造出來——開始發展出一種民族特殊性意識。這種情形跟地理環境形成的共同身分和「伊斯蘭教生活方式」並存不悖，後者（包括了婚禮、葬禮、男性割禮、節慶和父權制家庭等層面）經歷了一九二〇年代和三〇年代的挑戰而存活了下來。赫魯雪夫造訪該地區，喜歡用它來當蘇聯發展政策的例子向第三世界炫耀。就莫斯科和中亞之間的資源流動情形而言，後者是贏家。莫斯科在中亞大量建造水霸和基礎設施，而各共和國則競相遊說莫斯科增加自己的份額，也因此加強了彼此的民族差異感。烏茲別克領導人努里金・穆希金諾夫（Nuritdin Mukhitdinov）——他是支持赫魯雪夫對抗「反黨集團」的區域領導人之一——是第一個入選政治局的中亞人。

拉脫維亞因為在一九四五年被蘇聯重新併吞而惱火。雖然一九四〇年代和五〇年代期間的領袖是個拉脫維亞人（即老布爾什維克揚・卡林別爾津〔Jānis Kalnbērziņš〕，他在兩次大戰之間曾經在莫斯科待過），但在地的共產黨就像波羅的海其他國家的共產黨一樣，因為民眾的仇俄而處境尷尬。拉脫維亞的領導階層是在一九五九年被指控搞民族主義的兩個共和國之一：事實上，為了增加自身在拉脫維亞民眾中的合法性，確實是傾向於採取歧視俄羅斯裔的政策。另一個在一九五九年有麻煩的共和國政府是亞塞拜然政府。當時，其桀驁不遜的領導階層違反聯邦法律，強制在共和國內所有學校推行學習亞塞拜然語，就連那些專為為數不少的少數民族（俄羅斯裔、亞美尼亞裔和喬治亞裔）而設的學校亦不例外。亞塞拜然領導階層也被認為犯了搞經濟民族主義之罪，因為他們反對建築通往提比里斯的卡拉達格（Kara-Dag）輸油管。亞塞拜然部長會議的主席這樣說：「這油是我們的，我們不能把油送給喬治亞人。」

與烏克蘭不同，高加索地區在蘇聯的地位自史達林死去和貝利亞失勢後普遍降低。在史達林晚年，中央委員會的喬治亞人和亞美尼亞人比例偏高，但到了一九六一年，他們的人數減半。不過在他們自己的共和國，他們卻可以自行其是。在喬治亞主政近二十年的喬治亞人瓦西里·姆扎瓦納澤（Vasily Mzhavanadze）以兩件事情知名：對阿布哈茲人（Abkhazians）和南奧塞提亞人（South Ossetians）等少數民族的打壓，以及貪污腐化。他也非常容忍私營企業的存在，讓觀光客納悶他們是否不小心離開了蘇聯。

赫魯雪夫一般來說偏好給予區域性領導班子更多的行動自由。他還記得，在他自己當一個共和國黨書記的日子，對地方情況一無所知莫斯科行政官僚給了他多少指令。所以，他認為應該給予區域性黨書記更大的裁量權。一九五七年，他推動裁撤中央的工業部門，創立區域性經濟委員會取而代之。這舉措的附帶好處是弱化中央政府的官僚（這不是他的權力基礎），強化區域性黨書記（他們是他的權力基礎）。這個改革踩到了許多官僚的痛腳，要落實時遇到重大困難。但赫魯雪夫卻在一九六二年設法更進一步，想要把共和國黨組織一分為二，分管農業和工業，各有自己的第一書記。這表示他踩到了他自己權力基礎的痛腳。有三分之一的區域性黨委員會從來沒有一分為二，而整個計畫被認為是赫魯雪夫的「小腦袋鬼主意」之一，在他一失勢後就被馬上丟棄了。

赫魯雪夫的失勢

雖然米高揚一般來說是赫魯雪夫的盟友，但他自從赫魯雪夫鬥垮「反黨集團」之後就變得自大，自認為「沒有必要和任何人商量事情」。但事實上他有一個政治局的意見要照顧，更別提有民意要照顧。讓政治局同僚大皺眉頭的是，在他與知識分子見面的不同場合（原意是要向「市民社會」示好），赫魯雪夫把現代藝術貶稱狗屎，喊雕塑家恩斯特・涅伊茲韋斯內伊（Ernst Neizvestny）為相公[5]，又與大詩人葉夫圖申科對罵。在社會大眾中，保安警察監聽到的民眾談話愈來愈無禮，夾雜著大量取笑赫魯雪夫的笑話和罵名，例如「玉米攤販」、「滑稽演員」、「騙子手」、「僭奪者」、「沙皇尼基塔」，甚至是「托洛茨基分子」。

兩起事件為他釘上政治棺材。第一起是一九六二年夏天發生在南俄羅斯的新切爾卡斯克（Novocherkassk）的工人罷工。事發原因是生產配額的提高，加上肉和牛油

5 譯注：指男同性戀者。

赫魯雪夫參觀在莫斯科馬術練習場（Moscow Manège）舉行的藝術展，1962年。

的漲價。在另一個國家或另一個時期，這種事也許不過是老掉牙的新聞，但蘇聯卻是從未出現過罷工或暴動（一九五六年發生在提比里斯是罕有的例外），所以帶來極大震撼，而區域領導人的應對方法奇差無比。部隊在新切爾卡斯克的黨委員會大樓外向示威者開火，導致至少二十四人喪生。

但更糟的事還在後頭：一九六二年十月，國際舞台上發生了古巴飛彈危機。先前，古巴的卡斯楚親蘇政府曾要求蘇聯協助抵抗美國的可能入侵，而赫魯雪夫祕密將蘇聯為數不多的洲際核子飛彈的其中一些運到了古巴。他沒打算挑起戰爭，但想要阻止美國對古巴採取軍事行動，更不用說是想讓美國「嘗一嘗有敵人飛彈指著自己屁股的滋味。」（他這是想到美國人設在土耳其的飛彈。）美國總統甘迺迪反將一軍，威脅說如果赫魯雪夫不把飛彈撤走，就不惜發動核子戰爭。經過一陣激烈的對峙後，赫魯雪夫做出退讓。在驚恐萬分的世人看來，兩大超級強權的競爭看來已經把他們帶到了大災難的邊緣。赫魯雪夫的政治局同僚也是一樣感覺，另外也因為蘇聯先退讓而覺得受辱。他們對赫魯雪夫把他們捲入這個爛攤子感到憤怒。赫魯雪夫在一九六四年四月的七十歲生辰標誌著對他的個人崇拜的高峰，但到了當時，他的同僚們已經完全受夠了。他的門人布里茲涅夫帶頭造反。布里茲涅夫在「處女地計畫」時擔任哈薩克的黨領導人，後來回莫斯科擔任政治局成員和黨第二書記。他悄悄說服政治局其他成員支持將赫魯雪夫解職。「格別烏」（KGB）頭子弗拉基米爾・謝米恰斯內（Vladimir Semichastny）加入造反行列。為了以防萬一，他把赫魯雪夫的貼身警衛全部更換掉，但此舉後來被證明多餘。在十月，經過兩日的討論（期間他的同僚批評他獨斷獨行和判斷錯誤，而大受驚嚇的赫魯雪夫支支吾吾），他被一個完全民主的程序解除職務。

赫魯雪夫以一個退休金領取者的身分在莫斯科度過人生的餘下七年（他是第一個有退休金可領的被罷黜領袖）。經過一段意氣消沉的日子之後，他開始口授回憶錄。

赫魯雪夫位於莫斯科新聖女公墓（Novodevichy Cemetery）的墳墓，半身像是涅伊茲韋斯內伊所塑。

他大概不算第一個寫回憶錄的蘇聯領導人，因為托洛茨基做過同樣的事，但與托洛茨基不同，赫魯雪夫仍然忠於黨國，小心翼翼避免透露國家機密，不過他對同僚的看法坦白和常常風趣。就像他的前演講稿捉刀人費奧多爾・布爾拉茨基（Fedor Burlatsky）後來所說的，在回憶錄中，赫魯雪夫主政後期的膨脹自信消失了，剩下的是農民的常識和好奇心。不過因為當時仍然是蘇聯時代，他的回憶錄自然不能在國內出版。手稿被偷運至美國出版，成為了國際暢銷書。蘇聯的政治人物避免和退休的赫魯雪夫來往，但他出人意表地和一些不怕造訪他的藝術家和作家成為朋友，他們其中一個是涅伊茲韋斯內伊，也就在一九六二年被赫魯雪夫罵作「相公」的人。赫魯雪夫在莫斯科新聖女公墓（Novodevichy Cemetery）的墓上的半身像是他的作品。

6

布里茲涅夫時期
THE BREZHNEV PERIOD

★

政治局要除掉赫魯雪夫是因為他違反了集體制的原則，所以取代他的很自然是一個集體領導班子。這個班子由一個三人組領導：布里茲涅夫、亞歷克賽・柯西金（Aleksei Kosygin）和尼古拉・包戈尼（Nikolai Podgorny）。布里茲涅夫是策畫開除赫魯雪夫的人，之後成為了第一書記，一九六六年起又成為了總書記；柯西金是部長會議主席；烏克蘭人波德戈爾內是最高蘇維埃主席團主席。由於主張經濟改革和建設經濟的消費面，柯西金起初受高度矚目，但他的政治光環在一九六〇年代晚期隨著經濟改革的不吃香而失去光芒。到了一九七七年，波德戈爾內一樣被晾在了一邊。所以最後勝出的人是布里茲涅夫，他除了奪得黨的領導權，還奪得政府的領導權。晚年他授予自己大量的榮譽和勳章，特別是軍事方面的勳章。他主政了很長時間（快二十年），但體力和腦力在一九八二年離世前五年便開始衰損。在電視上，他愈來愈衰弱的形象明明白白，無所遁形。

布里茲涅夫一九〇六年生於烏克蘭一個俄羅斯裔的勞工階級家庭，一九三〇年代早期受訓成為工程師，在赫魯雪夫治理烏克蘭時開始政治生涯，在黨組織工作。然後先後擔任聶伯城（Dnepropetrovsk）、摩爾多瓦和哈薩克的第一書記。一九五六年早期，他被調往莫斯科出任政治局候補委員。因為沒有知識分子的惺惺作態而又謹慎和講究實際，他被很多人視為平庸之輩，而隨著他為大眾所知，他成為了很多笑話的笑柄。他也可以開自己玩笑。當一個講稿捉刀人想要在他一次公開演講中引用馬克思的話時，據說他表示反對：「這樣做有什麼意義？誰會相信列尼亞（Lenya）讀過馬克思的東西？」「列尼亞」（列昂尼德[1]的暱稱）在布里茲涅夫是典型的：布里茲涅夫的政治局同僚就是這樣稱呼他的，而他則稱尤里・安德洛波夫（Yury Andropov）為尤拉（Yura），稱康斯坦丁・契爾年科（Konsantin Chernenko）為科士提亞（Kostia），稱安德烈・葛羅米柯（Andrei Gromyko）為

1 譯注：布里茲涅夫的名字。

佩戴著軍事勳章的布里茲涅夫，1972年。

安德廖沙（Andriusha）。這在列寧、史達林和甚至赫魯雪夫看來一定會覺得太過親熱。

雖然布里茲涅夫就像他之前的史達林和赫魯雪夫那樣使計脫穎而出，但他沒有讓失勢者流血，甚至沒有把他們開除（通常會安排他們擔任閒職，繼續領取津貼）。雖然在晚年發展出對自己的小型個人崇拜，布里茲涅夫基本上比赫魯雪夫合群，所以政治局表現出很大的真正集體性：他們定期開會，沒出現「小腦袋鬼主意」[2]，集體決策，舉行社交活動和家庭聯誼（常常是布里茲涅夫自己安排）。他們有很多共通之處。政治局成員有一半以上是出生在勞工或農人家庭，就像布里茲涅夫那樣因優惠性差別待遇政策而得以接受高等教育（通常是學習工程）。畢業後，做為年輕的共產黨員，他們受惠於舊人在大清洗中被淘汰殆盡，獲得了迅速晉升的機會。馬克思主義－列寧主義是他們年輕時學習的意識形態，所以他們對生產工具的國有化視為理所當然，連帶不信任奉行資本主義的西方。因為差不多年紀，他們一起經歷了二次大戰，戰時要麼是在大後方擔任高級的官職和黨職，要麼是像布里茲涅夫那樣在軍隊裡當政治軍官（政委）。

布里茲涅夫時期可能是蘇聯最佳的時期，也可能是最無聊的時期，端視你的觀點角度而異。但從來沒有人說它是最壞的時期。蘇聯領袖們有很多理由可以感到滿意，在一九七〇年代時尤其如此（然後經濟成長才開始停滯）。在布里茲涅夫的時代，蘇聯第一次能夠在軍事上與美國分庭抗禮，能夠旗鼓相當地與美國競逐對第三世界的影響力。它成為了產油大國，而因為國際油價在一九七〇年代後半期漲了一倍，蘇聯大受其惠。它的「國民生產毛額」持續增長（在絕對值和相對於其他強國而言皆是如此），在一九七〇年代早期達到了它最迫近美國的時期（雖然仍只有美國「國民生產毛額」三分之一多一點，但在一九四六年這個數字是五分之一。）

到了一九八〇年代，蘇聯有三分之二人口住在城鎮（大戰前夕只有三分之一人口如此）。不存在失業問題，房租和基本食物價格保持低水位。拜開始於赫魯雪夫的公寓建築計畫所賜，住在有衛浴設備的獨立公寓的蘇聯家庭十年間增加了幾乎一倍。所有消費者福利指數都增加了：在一九七〇年代之初，每兩戶家庭有一戶擁有電視，每三戶家庭有一戶擁有冰箱，但到了一九八〇年代之末，家家都擁有電視和冰箱。赫魯雪夫時期被禁的私人汽車開始出現在路上，儘管只有少數幸運兒才買得起。大部分都市小孩和鄉村小孩都有中學可讀，而受過高等教育的人口比例在布里茲涅夫時期增加

2 譯注：赫魯雪夫獨自想出來的主意被譏為「小腦袋鬼主意」。

了超過一倍，只比一成少一點。自從一九五〇年代中葉開放國外旅遊之後，有成千上萬的蘇聯人有機會愛上巴黎或至少愛上布拉格。所有人的生活——特別是城市人的生活——都變得比較好過，這不只是因為物質條件有所改善還，還是因為當局不再使用恐怖統治手段（不管是隨機的還是鎖定對象群體的）。

但這幅美好的畫面需要加上但書。布里茲涅夫時期不是從頭到尾都一個樣，它的高點是在頭十年，即一九六〇年代中葉至一九七〇年代中葉。在那之後它就走向下坡，經濟方面尤其如此。根據中情局的估計，蘇聯的「國民生產毛額」從一九六〇年代的每年近百分之五下跌至一九七〇年代的百分之二至三，再下跌至一九八〇年代的百分之二。高油價有助於隱藏這個問題，但高油價並沒有永遠持續。一九六〇年代和一九七〇年代早期生活水平的升高，加上更了解西方的生活狀況，讓人們對未來有更大的期待，卻也因此愈來愈失望。酗酒在蘇聯本來就始終都是一個社會問題，此時更是給急劇升高：因狂飲和增加飲用成分可疑家釀酒而酒精中毒致死的人在一九七〇年代增加了一倍。在整個蘇聯時期本來一直穩定上升的男性平均壽命在一九六〇年代中葉開始下降，這主要是因為酗酒導致（女性平均壽命則沒有改變）。男性的平均壽命從一九六五年的六十四歲下降至一九八〇年代的六十一歲，反觀同一時期美國男性的平均壽命卻從六十七歲上升至七十歲。

就連布里茲涅夫時期取得的成就也有其不利之處。教育的推廣產生了一個有潛在讓人憂心之處的代溝。到了一九八〇年代晚期，有超過九成二十多歲的人接受過中學或大學教育，反觀五十多歲的人只有不到四成是如此，但負責經營管理國家的卻是後者。美國學者比較了一九七〇年代移民訪談計畫和戰後的「哈佛訪談計畫」（在一九四〇年代晚期進行），發現一九七〇年代的受訪者比老一輩較不認同於蘇聯。受老一輩所歡迎的穩定在年輕一輩看來可能更像是「石化」（這是當時西方學者流行的用語）或「停滯」（這是戈巴契夫後來的形容）。當時一首常常在非正式聚會演唱的歌曲的副

「伏特加專家」：這幅1980年代中葉的海報顯示一個醉酒的工人昏倒在他的車床上。

歌反諷說：「公墓裡好平靜……一切都文雅而得體……真是幸福。」

經濟

最大的長遠隱患在於經濟系統。中央規畫、產出目標和高度行政集權在一九三〇年代對刺激一個發展中的經濟體行之非常有效。它們在一九四〇年代做為戰時經濟的一個架構表現出色，在戰後重建工業和基礎建設時也勝任愉快。然而事實證明，它們較不適合蘇聯從一九六〇年代起需要的那種複雜的現代經濟。蘇聯的制度不利於創新，而隨著世界科技變革的腳步加速，它開始落後於人。進口外國技術——一個例子是一九六六年找來飛雅特在伏爾加河畔的陶里亞蒂（Togliatti）建一間汽車工廠——只能部分填補這個不足。不同工業部門的效率落差極大，最有效率是軍事和太空工業。按照世界的標準，工業資本投資的產量非常低，勞工的產能（不管是工業還是農業的）還要更糟。農業產出在一九六四年後的頭十年有所增長，但接下來便微微收縮。而不管是集體農場還是國家農場（其工人是領薪水），產能都低落。從集體農場模式部分轉變為大規模國家農場（一個例子是赫魯雪夫在哈薩克推的「處女地計畫」）是增加了耕種面積，但未能解決產能低的問題。

在一些有改革心靈經濟學家的建議下，柯西金在一九六〇年代中葉設法把市場元素引入經濟計畫中，特別是以銷售（利潤）做為企業表現的一個指標。類似的做法在匈牙利以「新經濟機制」的名義試行過，獲得相當的成功，會讓人回憶起蘇聯自己在一九二〇年代的市場時期。不過在蘇聯，因為中央規畫制度更加根深蒂柢固，改革的努力受到挫敗（主要是受到工業經理的抗拒）。企業習慣了按照生產總額被評估，這表示它們沒有誘因改善品質或回應需求。隨著經濟增長指數在一九七〇年代下半葉開始下跌，每個人都意識到經濟出了問題，但布里茲涅夫的領導班子卻拿不出解決辦法。如果情況惡化下去，大概有必要做出較積極的回應，但就目前，何必弄得雞飛狗跳呢？畢竟，油價此時仍然高聳，讓蘇聯的經濟可以獲得支撐。

蘇聯的計畫經濟有一個不能說的祕密，那就是其運作依賴一個灰市。這個灰市雖非完全合法，卻可以有效地將商品從生產者交到有需要的人手中。工業企業參與這個遊戲，利用代理人達成協議來獲得所需要的原材料，一般老百姓也是如此。有門路的朋友可以幫助你在枱底下獲得你需要的產品和勞務。這個過程有時需要花錢，但主要貨幣是互相幫忙。蘇聯人稱之為blat，中國人稱之為「關係」，西方蘇聯學家稱之為「第二經濟體」。它從一九二〇代末葉就存在，基本上是西方意識不到，而且表示蘇聯確實在「新經濟計畫」結束後仍然保持著一個私部門，儘管是非正式的。但因為它是非法，所以常常和腐敗勾連（賄賂官員是獲得稀有商品的方法之一），也和犯罪勾連（在第二經濟體販賣的商品通常是從第一經濟體偷來）。

到了布里茲涅夫時期，以合法方式取得基本商品的管道已經獲得改善。不過與此同時，消費者卻對很多不是必需的商品養成胃口，而這些商品總是供應不足。除了培養有用的人脈，新中產階級的成員還有各種不同的方法可以插隊到排隊人龍的前頭。區域性菁英本來就一直推動為特殊人士服務的商店和醫療診所，以供他們自己使用（有時得到中央批准有時沒有），但此時，這種設施的數目倍增了，不只是為高級官員而設，還是為了有菁英地位的作家、醫生和運動員而設。開在家裡的小型私人企業（裁縫、電工和汽車修理）在或多或少合法的情形下（只要沒有僱用人手便行）繁榮興旺。一種蘇聯老思路繼續存在：個人侵占國家財產完全不是偷竊。只不過，現在人們不只會從政府建築工地裡拿走磚頭和水管，而是還會從官方的豪華轎車把汽油吸到私人汽車去。

「信任幹部」是布里茲涅夫在一九六六年第二十三次黨代表大會提出的口號，標誌著一種中央放權政策。根據這政策，區域性和地區性領導人一般都極少會因為犯錯而被降級，而即使被降級也不會受到重懲。這確保了官僚系統內部的穩定。但也鼓勵了統治菁英的貪污腐化。這種情形在中亞和高加索地區的共和國特別嚴重。

國際事務

布里茲涅夫政府自稱致力追求和平（歷任蘇聯領導人莫不如此主張），而我們也沒有理由認為它對大規模戰爭的反感要少於它的歷屆前任：唯一的例外情形是它的龐大軍事開支高於所有前任政

「誰會打敗誰？」這句話本來是列寧用來形容無產階級和資產階級之間的階級戰爭，但卻在這幅1979年的漫畫中被用來諷刺競爭性消費。K. Nevler和M. Ushats所繪。

府的水平。到了一九八五年，蘇聯軍隊已經有近六百萬的兵力，是一九六〇年的一倍，這讓它成為世界上最龐大的軍隊。國防部長安德烈・格列奇科（Andrei Grechko）從一九七三年起就是政治局的成員，為朱可夫以外唯一出任政治局成員的軍人（朱可夫在一九五〇年代中葉短暫當過委員）。雖然武裝部隊對黨一向臣服的態度基本上沒有改變，但布里茲涅夫與軍方相處愉快，一般都會滿足他們的要求。

後赫魯雪夫時代的領導班子繼承了一個緊張的國際局勢：美國的中程核子飛彈基地環繞蘇聯，美國政客又對蘇聯在「飛彈差距」[3]中占了上風發出警號（實際在恐怖核子平衡中占優勢的一方是美國）。柏林繼續是導火線，而不久前的古巴飛彈危機看似差一點就觸發三次世界大戰。受到在古巴屈辱讓步的刺激，蘇聯軍方力主有需要大力建軍來抵抗美國和保護蘇聯的盟國。一場槍炮和麵包之爭在政治局上演，由槍炮獲勝。為支撐搖搖欲墜的南越反共政府，美國對越戰的介入在一九六〇年代中葉急劇升高，然後美蘇關係隨著蘇聯在一九六五年為胡志明的北越提供軍事援助而緊張起來。美國人的宣傳稱越南是第一張骨牌，如果它倒向共產主義，將會引發骨牌效應，讓其他搖搖欲墜的後殖民政權步其後塵。不過到了當時，因為中蘇的分裂，蘇聯在世界共產主義中的超群地位已不再是理所當然。蘇聯和中國都支持北越，但因為中國（其上升中的國際地位在其於一九七一年取得聯合國安理會席位後獲得了承認）在第三世界有所圖謀，所以它與蘇聯的競爭激烈程度常常不亞於與美國。一九六九年中蘇的邊界衝突導致了烏蘇里江邊界上的軍事衝突。到了一九七〇年代中葉，中國人稱蘇聯不只是第三世界中的「帝國主義」強權，還是兩個帝國主義超級強權中更危險的一個。

東歐加劇了冷戰的緊張關係，這除了因為美國（和它國內的族群遊說團體）認為蘇聯類型的政權不合法，也因為這些國家的人民傾向於相似觀點。匈牙利在一九五六年首先發難，但遭到鎮壓。同樣但較小規模的戲碼翌年在波蘭上演。但在一九六〇年代晚期，真正的燙手山芋卻是捷克斯洛伐克。它在傳統上是集團中最親社會主義和親蘇聯的國家。先前，在一九六八年，改革派的共產黨第一書記亞歷山大・杜布切克（Alexander Dubček）設法「給社會主義引入一張人臉」（指減少黨和警察的支配），蘇聯派出坦克鎮壓。此舉除了在國內（莫斯科和列寧格勒的知識分子都為之驚恐）和在東歐引起不好迴響外，美蘇關係亦為之緊繃。一組新的「布里茲涅夫主義」主張，每逢社會主義受到威脅，蘇聯都可以加以干預，而這等於是說蘇聯集團中的任何國家都不

3 譯注：「飛彈差距」是指美蘇核彈數的差距，當時有些美國人相信蘇聯的核彈多於美國。

許出走。這特別讓捷克人受傷，因為他們與一九五六年的匈牙利人不同，並沒有想要脫離蘇聯集團或放棄社會主義（雖然難保如果改革落實，他們後來不會萌生此意）。

有些人認為矛盾的是，布里茲涅夫政權雖然進行軍力擴張，卻也追求緩和，尋求與美國發生更多的高層次接觸和達成相互限武協議。這方面在一九七〇年代早期取得一些成果。一紙有關柏林的協議在一九七一年簽訂，翌年又簽訂了一紙限制戰略武器的條約。文雅的格奧爾基·阿爾巴托夫（Georgy Arbatov）——他是蘇聯的美國研究所所長和曾任赫魯雪夫的顧問——成為常常出現在美國的人物，專門向美國的安全專家推銷緩和路線（也透過電視向美國大眾推銷）。不過由於美國對蘇聯的敵意和不信任已經根深柢固（蘇聯對美國也是如此），緩和路線在美國於一九七〇年代下半葉丟臉地撤出越南之後便被擱置起來。此時蘇聯對第三世界的影響力已經直追美國，威望大大提高——這除了因為支持越南的解放運動，還因為它在非洲、中東和中美洲支持反殖民的民族主義力量挑戰親美國的政府。在這場地緣政治角力上，美蘇雙方都有吃癟的時候。讓蘇聯不快的是以色列在一九六七年的六日戰爭中打敗阿拉伯國家（埃及、敘利亞和約旦），讓美國不快的是伊朗的激進派穆斯林在一九七九年推翻美國支持的國王。

六日戰爭是蘇聯的一次外交敗筆，但它同時製造了新的國內問題，因為它激起了蘇聯猶太人的自豪感和他們的親以色列民族主義。這導致一次對「猶太復國主義」的鎮壓和對猶太文化生活新的限制，而這又反過來刺激起一些鼓吹猶太人有權移民國外的國際運動。猶太人離開蘇聯成為了聯合國和美國國會討論的一個人權問題，導致美國在一九七四年通過對《美國貿易改革法》的「傑克遜－瓦尼克修正案」，做為懲罰。蘇聯領袖們處境尷尬，因為他們不能反駁說他們的政策拒絕賦予任何人移民權，所以不只是針對猶太人。不管怎樣，在一九七一至一九八一年間，有二十三萬六千猶太人離開蘇聯（蘇聯的反猶太分子認為這是猶太人享有特權的另一項證據）。他們之中略多於一半的人定居在以

蘇聯外交政策專家和緩和路線的鼓吹者阿爾巴托夫。他旁邊的是美國蘇聯學家比亞勒。

色列，另有大批住在美國。不過由於手續繁複和對高學歷者課徵高額移民稅，蘇聯並沒有從這種退讓中得到好評，反而被批評為對猶太人缺乏同理心。

更多公關災難發生在一九八〇年代早期。隨著團結工聯運動在波蘭的興起，東歐出現了另一個對共產主義統治的威脅。只不過這一次波蘭政府自己實施戒嚴，讓蘇聯不用出動部隊。蘇聯會在阿富汗內戰中出兵幫助一個附庸，十之八九是基於對一個超級強權應該怎樣行事的觀點，而不是對利弊的理性分析。蘇聯外交政策機構內部因此有人嘆息說：「我們有了我們自己的越南。」果不其然，就像美國在越南一樣，蘇聯犧牲了許多人命之後一事無成，最後被迫在戈巴契夫時期不光彩地撤軍。蘇聯大眾的反戰情緒沒有美國人的反越戰熱烈，然而卻對軍隊士氣起著雙重的損害效果，導致阿富汗戰爭退伍軍人對政府的不滿情緒比越南的退伍老兵還要強烈。

儘管有阿富汗的周折，布里茲涅夫的蘇聯卻可以慶幸自己沒有出現與另一個超級強權一樣的激烈社會動盪。美國在一九六〇年代歷經一波波的學生和民權運動、反越戰抗議和黑豹黨作亂，然後水門事件又讓政府陷入重大的合法性危機，導致尼克森總統的被彈劾和在一九七四年八月辭職。還可以讓蘇聯謝天謝地的是，它的少數民族不像美國黑人那樣桀驁不遜，蘇聯年輕人也不像美國年輕人那樣小覷長輩和藐視道德。

布里茲涅夫和很多蘇聯人一定覺得，美國人既然有大別墅可住、有雙份馬丁尼可喝和有拉風跑車可開，還有什麼好抱怨的。

在加盟共和國

蘇聯當然沒有像美國一樣的種族問題。公然的族群衝突相對稀少，而當這種事發生，通常是發生在兩個少數民族之間，又或者是發生在中亞和高加索地區某共和國某個少數民族和主體民族之間（這時才會涉及俄羅斯裔）。一九四〇年代的民族強制遷徙曾經產生問題，例如，在哈薩克，領導階層不樂見新族群的遷入幾乎就像新族群的不願遷入一樣強烈。等到一些「被逐民族」在赫魯雪夫的「祕密演說」之後被允許返回故土後，又產生了更多的問題，因為他們發現自己的舊家園已經被外人占據。波羅的海三個共和國仍然對蘇聯在一九三九年把它們併吞感到憤怒。從波羅的海人的觀點來看，蘇聯是一個東方國家，也因此是一個文化低落的國家。強烈的反俄羅斯情感在該地區持續，而在立陶宛，一個以天主教會為中心的地下民族主義抗議運動從一九七〇年代早期便開始存在。

各加盟共和國愈來愈常是由在地人領導，他們仰仗本土菁英支持，刻意標榜民族色彩（在中亞的話則是加上標榜世俗的伊斯蘭教色彩）。一九六四年十月，哈薩克人丁穆罕默德・庫納耶夫（Dinmukhamed Kunaev）出任哈薩克共和國第一書記（他之前是一系列俄羅斯裔和烏克蘭裔的第一書記，包括「處女地時期」的布里茲涅夫），之後，哈薩克裔的黨員在兩年內增加了一倍。一如以往，各非斯拉夫人共和國一般都會有一個斯拉夫人的第二書記做為莫斯科的耳目，但在布里茲涅夫時期，當庫納耶夫和謝爾比茨基[4]都是政治局的正式成員，而亞塞拜然、喬治亞、烏茲別克和白俄

這幅1979年的漫畫頌揚民族友誼，慶祝帶來俄烏統一的《佩雷亞斯拉夫條約》（Treaty of Pereyaslav）的325週年紀念。Iu Cherepanov所繪。

羅斯的第一書記都是政治局候補委員時，這些地方的第二書記明顯地位偏低。各加盟共和國的領導人都熱烈爭取莫斯科的投資（為此而相互競爭），而他們很多都是經濟資源流入的淨受益人。但波羅的海三個共和國卻是例外，它們是蘇聯最發達和有著最高人均收入的地區，但它們卻像俄羅斯和烏克蘭一樣，需要補貼較不發達的共和國。

雖然官方的長遠計畫是消融民族差異性，但沒有多少跡象顯示這種情形正在發生。相反的，在莫斯科的默許下，各加盟共和國相當堅持自己的權利和民族獨特性。在接受問卷訪問時，蘇聯老百姓大力支持民族寬容性，但在實踐上，他們都同樣強烈偏好族群內婚，至少是偏好與血緣較近的族群通婚（例如俄羅斯裔和白俄羅斯裔通婚、烏茲別克裔和塔吉克裔通婚）。跨族群通婚的比例偏低，而且通常發生在不是住在本共和國的人之間。有鑑於蘇聯穆斯林地區（中亞共和國和亞塞拜然）的出生率要比基督徒地區（俄羅斯、烏克蘭、白俄羅斯、亞美尼亞和喬治亞）高很多，人口學家開始預期斯拉夫人未來將會在蘇聯佔少數。

事實上布里茲涅夫時期最大的民族問題有可能可以說是來自俄羅斯裔。俄羅斯語

4 譯注：烏克蘭第一書記。

固然是蘇聯的通用語，莫斯科固然是蘇聯的首都，但俄羅斯人傳統上卻是最不被鼓勵炫耀民族文化和培養民族自豪感。在文學上，一種準民族主義傾向被發展了出來，主要聚焦在俄羅斯農村，而在社會的領域，一些保護歷史性建築和反對工業危害環境的新興運動也染上了鮮明民族主義色彩。「愛俄羅斯派」（Russophile）作家瓦連京・拉斯普京（Valentin Rasputin）是其中一個大力投入搶救西伯利亞貝加爾湖運動的人之一。一九七〇年代早期，未來的戈巴契夫顧問亞歷山大・雅科夫列夫（Aleksandr Yakovlev）發現自己因為批評中央委員會官僚系統中的俄羅斯民族主義同情者而陷入麻煩，而根據謠言，這些同情者在政治局甚至有保護人。在非斯拉夫人地區，特別是在中亞，起用本土人士的政策讓在地的俄羅斯裔居民受到排擠，讓他們開始覺得沒有那麼有歸屬感。俄羅斯共和國的俄羅斯人本來對蘇聯較不發達地區抱有開化使命感，但這種使命感逐漸被某種程度的仇恨取代：他們認為，他們的共和國不應該為了補貼較弱的其他共和國而犧牲自己公民的福利，換言之，他們現在把非斯拉夫人共和國視為俄羅斯的負擔而非資產。

這國家的斯拉夫人地區經歷了一回不如同時代美國嚴重但有幾分相似的代溝。蘇聯也有一個「六〇年代」世代，他們互相交換披頭士的錄音帶（用他們的新錄音機播放），穿東歐製造的藍色牛仔褲，說話時夾雜古拉格的術語，用吉他彈唱弗拉基米爾・維索茨基（Vladimir Vysotsky）的歌和收聽外國電台。到了一九七〇年代，搖滾樂成為了大熱門，甚至（雖然受到官方的溫和反對）在共青團的圈子裡一樣流行。讓共產主義忠實信徒更加憂心忡忡的大概是年輕一代對政治極為消極，完全不能和二次大戰前的世代相提並論。就像參與觀察者阿列克謝・尤爾查克（Alexei Yurchak）[5]所描繪的，一九七〇年代和八〇年代的年輕人接受官方語言和禮儀，能夠行禮如儀，但認為自己的「真實」生活是活在一個幾乎毫不受公共領域影響的私人領域。按照蘇聯的標準，他們的教育水平很高，因為全民充分就業而完全不用擔心找不到工作（不過大學畢業生卻要擔心他們分派到的工作崗位是在莫斯科還是窮鄉僻壤）。

蘇聯人的日常生活

「我們假裝工作而他們假裝付我們薪資。」是一個在西方報紙比在蘇聯還要流行

5 譯注：生長於列寧格勒的人類學家。

的笑話。不過，正如蘇聯老百姓在蘇聯崩潰之後發現的，蘇聯的職場除了有容忍低產能的優點以外，還有其他優點。職場因為設有商店和飲食部，所以對它們的雇員來說是一個稀有商品的來源（這個來源有多棒端視乎一家工廠、一個工業部門或一個政府部會多有權勢）。職場也是一個增進同事情誼的地方：女性可以和辦公室同事喝茶吃蛋糕共度許多快樂時光，男性可以在樓梯間分享一根香菸（甚至一杯伏特加）。如果經濟學家是以工作時的愉快度而不是生產量來做為衡量經濟的指標，他們可能會得到更佳結果。

布里茲涅夫年代對普通蘇聯公民來說是好年頭。從蘇聯統治最早期就一直承諾的全民福利保障就是在這個時候完全實現。一九五六年第一次引入的法定最低工資提高了，退休金也是如此。男性可以在六十歲早期申領退休金，女性可以在五十五歲申領。本來僅限領薪資者享有的福利現在擴大至集體農場農人。對一個剛發展起來的國家來說，難得的是它的社會層級化程度減低了，平等主義精神盛行。這是西方常常有所不見的一面，西方評論者喜歡指控社會主義專門製造不平等和特權。蘇聯當然還是有不平等存在，而蘇聯人自然也會假裝他們的社會不存在不平等，但與世界其他地方比較而言，蘇聯的不平等程度相對要小，也不是一種向上走的趨勢。

就蘇聯中產階級而言，他們擁有的特權不是太多，而是太少。這個中產階級以壯觀速度成長。在一九四一年，蘇聯受過高等教育或中學教育的人是兩百四十萬，到一九六〇年增加至八百萬，到一九八〇年代之末又增至三千兩百萬。這些人當中當然很多都加入了共產黨，這個黨的人數持續上升，到一九七六年近於一千六百萬。這些人看重和希望擁有的特權包括一間鄉間小屋、一間小型都市公寓、為長大小孩購買一戶「合作公寓」的新可能性[6]、國外旅遊，以及買得到一些外國奢侈品和一輛汽車。但這一類商品仍然沒有足夠數量可以分配給每一個人，也沒有足夠的工作讓所有人有足夠的薪水和地位可以購買這些商品。很多從事白領工作的高中畢業生有五百盧布薪水，而藍領工人可能可以月入三百盧布。當戰後生活水平的全面提升在一九七〇年代和八〇年代緩慢下來以後，難免會出現大量潛伏著的不滿情緒，這是因為很多人的期望在過去二十年來大大提高了。

知識分子中間有一種病懨懨的感覺。他們在赫魯雪夫時期那種興沖沖的樂觀心態消失了：標誌這種變化的分水嶺是一九六八年對捷克斯洛伐克的鎮壓。他們感覺社會

6 譯注：蘇聯的住房絕大部分是國家分配，「合作公寓」則是可以私人購買。

愈來愈物質主義。那些有物質憧憬的人一樣感到挫折。在美國觀察者約翰·布希內爾（John Bushnell）的診斷，蘇聯人民變成了悲觀主義者，他們聆聽布拉特·奧庫德扎瓦（Bulat Okudzhava）的哀傷歌曲，愛講一些有點政治意味的淫穢笑話，但也會講一講以下這一類自嘲的笑話：

發問者：「月亮上有生命嗎？」

講師：「沒有，同志，蘇聯宇航員發現月亮上沒有生命的跡象。」

發問者憂愁地說：「那裡也沒有嗎？」

不管這時期有多麼重視經營私人生活，一種初步的、與政府無關的社團生活（as-sociational life）還是出現了，它專注於保護自然環境和保存歷史建築。這些關注一般來說都是自由派的關注，但在非自由派和潛在民族主義者的一邊，老兵也成功地爭取到退伍軍人組織的獲准成立——這對在二次大戰作戰那一代人來說極其重要，他們本來就一直透過固定的豪飲聯誼會保持和自己軍事單位的非正式聯絡。在赫魯雪夫年代欣欣向榮的的「厚雜誌」繼續存在，但大部分都換了總編輯，對政治內容（特別是反史達林主義的內容）也有了更大限制。《十月》（*Oktiabr*）——《新世界》的保守派競爭對手——靠刊登一篇弗謝沃洛德・柯切托夫（Vsevolod Kochetov）執筆的〈所以你想要什麼？〉而引起關注：這文章以緬懷史達林的情懷攻擊腐化性的西方影響力。讓「厚雜誌」愈來愈感到競爭壓力的是「地下出版物」（samizdat）：它們是一些自行出版（因此未受審查）的手稿，討論各種敏感的問題（從政治到宗教到瑜珈不一而足），以打字機打印和靠著人手相傳。「境外出版物」（tamizdat）是「地下出版物」的一個較小型親戚，專門傳播被禁的西方文學作品。

到了一九八〇年代，女性的受教育比率和勞動參與比率都盛況空前。賺取工資或薪水的女性增加了兩倍，從一九六〇年的兩千萬增至一九八九年的近六千萬，構成了勞動力的百分之五十・六。在全蘇聯，十歲或以上的人口中（以一九七九年為例）有百分之六十的女性受過中學教育或高等教育（男性的比率是百分之六十九），而這種比率甚至見於烏茲別克（傳統上女性最弱勢的共和國之一）。女性以更大的數量入黨，在一九七六年佔全部黨員的兩成五，在一九九〇年佔三成。然而，就像娜塔莉亞・巴蘭斯卡婭（Natalia Baranskaya）在刊登於《新世界》的中篇小說〈一個和任何週末沒兩樣的週末〉中鮮明描繪的那樣，雙重負擔——全職工作加上採購、做家務事和照顧小孩

（全被認為是「女性的工作」）——讓女性不堪負荷。（這篇小說並沒有明顯提到避孕藥不可得的問題，因為那對審查官來說將會是太超過。）不管政府提供了多少托兒所和幼稚園，蘇聯職業婦女都只有在一個不工作的婆婆幫忙下才會忙得過來。

西方在蘇聯是個強大的存在：不只做為一個妖魔還是做為文化磁石而存在。根據一項調查，半數的莫斯科勞動人口收聽西方的廣播電台。年輕人以「阿歷斯」或「麥克」而不是「薩沙」（Sasha）或「米沙」（Misha）相稱。到了一九八〇年代，甚至中年人也可能會被人看見穿著牛仔褲和黑色皮夾克開車前往鄉間小屋（不過他們因為很晚才學開車所以駕駛術欠佳）。在鄉間小屋裡，自從唐納德·肯德爾（Donald Kendall）[7]首創用百事可樂來交換「蘇托力伏特加」之後，他們就會輪流喝百事可樂和伏特加，而廚桌上的百事可樂瓶子象徵著世界主義禮儀。在美國蘇聯學的圈子裡，曾有過一個時間流行談所謂的「趨同」（convergence）。根據這個理論，蘇聯社會在現代化之後無可避免會變得更加自由、更加民主、更加個人主義和更加多元化，換言之是更加像西方社會。在蘇聯，很多人覺得這是一個好理論，儘管他們主要感興趣的趨同是得到西方產品的機會的趨同，即得到西方產品的機會和西方人一樣多。

異議分子

西方人脈對出現在蘇聯的一個新現象非常重要，這個新現象就是異議運動。地下出版品加上西方電台的反饋迴路讓非正統思想家的思想可以在蘇聯內部流傳，以及在國外建立一批聽眾和支持群眾。起初，表達非正統的觀念不必然意謂著反對蘇聯，但自從諷刺作家安德烈·西尼亞夫斯基（Andrei Sinyavsky）和尤里·丹尼爾（Yuly Daniel）在一九六六年被公審和定罪（罪名是在外國發表作品進行反蘇宣傳），兩者開始合流。蘇聯出兵捷克一事給了異議運動進一步推力：當時很多連署抗議入侵的知識分子都發現自己的人事檔案有了污點。

在古拉格服刑後，西尼亞夫斯基被允許移民法國。這成為了處理異議文學人的首選方式。不過他們有時也會被送進精神病院，理由是當局認為任何無緣無故甘冒危險而主張不受歡迎意見的人一定是瘋了。一九七二年，「格別烏」建議俄羅斯猶裔詩人約瑟夫·布羅茨基（Joseph Brodsky）——他在一九六四年曾經因為觸犯赫魯雪夫的反寄

7 譯注：百事可樂的執行長。

生蟲法令被判刑——移民國外，為其拒絕，翌年把他架上一架飛機，踢到維也納去。索忍尼辛的蘇聯公民權在一九七四年被撤銷。對蘇聯的國際聲譽來說，這種策略有害無益，因為被放逐的異議分子現在頂著烈士的光環繼續發表批評蘇聯的著作供西方讀者享用。蘇聯的尷尬處境復因接二連三廣受報導的叛逃事件而加強：這些叛逃者包括史達林的不快樂女兒斯韋特蘭娜和舞蹈家魯道夫・紐瑞耶夫（Rudolph Nureyev），兩人都是在一九六七年出逃。

異議分子的政治立場多種多樣，有幻滅的共產黨人（如若列斯・梅德韋傑夫〔Zhores Medvedev〕和羅伊・梅德韋傑夫〔Roy Medvedev〕兄弟），有自由派（如安德烈・沙哈洛夫〔Andrei Sakharov〕，他是傑出的物理學家和科學院院士，在一九八〇年被放逐至伏爾加河畔的高爾基市），也有「愛俄羅斯派」的保守分子（這是索忍尼辛的最終立場）。他們的共通處是提倡人權和以西方媒體做為平台。駐莫斯科的外國特派員是異議分子的生命線，為他們提供友誼（還提供威士忌和萬寶路香菸），把他們的作品偷渡到海外，又在他們出事時讓他們的案子登上歐洲和北美報紙的頭條。中情局和其他西方情報機構也會提供不聲張的間接支持——雖然這不必然是異議分子自己所要求或知道，但蘇聯媒體對此大做文章。不奇怪地，這並沒有讓異議分子變得被一般的蘇聯人歡迎，而除了民族主義者的異議外，這個運動與廣大的蘇聯群眾很少接觸。「格別烏」定期會在民眾中間收集煽動性材料（主要包括嘲弄政府的打油詩和笑話、抱怨商品短缺和物價高漲的怨言，以及痛罵領導人的醉話），但在這些材料中，幾乎看不見那些在西方大名鼎鼎的異議分子的名字。

然而假以時日，異議分子的批判，結合了對赫魯雪夫在一九五六年譴責史達林主義的回憶，卻深印在整個菁英階級的腦海裡。最先受影響的是年輕一代，然後是他們的父母。到了一九八〇年代，有好工

這是烏克蘭裔－亞美尼亞裔反窠臼藝術家瓦格里希．巴克詹揚（Vagrich Bakhchanyan）在1974年移民美國不久之後所創作的雕塑，用以諷刺穆希娜的雕塑。（譯者按：穆希娜的雕塑可見於前面圖片）

作的殷實蘇聯公民雖然有可能會在和外國人聊天時表示不以異議分子為然，但他們卻也會批評蘇聯的生活狀況，而這是二十年前不可能發生的事。

由於在一九八〇年早期極少有人會自稱熱烈支持蘇聯和認真看待它的意識形態，很多人便認定老舊的烏托邦革命精神在赫魯雪夫時代便走到了盡頭。但這種看法太一概而論。

葉夫圖申科是「解凍」時期最著名的公共詩人，他在一九七〇年代習慣了被視為麻煩製造者，但到了一九八〇年代，突然遇到一些年輕的官員充滿懷念地告訴他，二十年前當他們還是大學生的時候，會偷偷參加他的詩歌朗誦會。不只「六〇年代」世代會把他們的年輕人理想主義隱藏在一個平淡無奇的布里茲涅夫門面後面。莫斯科大學早在一九五〇年代便生產理想主義者。他們其中一個是戈巴契夫：他在黨內一直往上爬，當上了斯塔夫羅波爾（Stavropol）第一書記，然後回到莫斯科，等著——這是他當時還不知道的——發起將會摧毀蘇聯的革命。

1

倒塌

THE FALL

★

根據馬克思主義理論，注定崩潰的是資本主義而不是社會主義，所以當蘇聯領導人和人民看見竟然發生了相反事情時（特別是因為這不是美國靠作弊動用核子彈所引發），他們格外感到費解。歷史本來一直站在社會主義一邊，但現在它卻莫名其妙短路。情形就像尤爾查克研究晚期蘇聯社會主義的著作的書名所說的：「一切都是永恆的，直到它憑空消失。」

就連美國蘇聯學學者中的樂觀主義者都沒有認真考慮過蘇聯崩潰的可能：他們認為，這個政權不可能在沒有巨大外在或國內壓力之下崩潰，因為它的強大軍隊和警察可以阻止這種事發生。同樣的，在它沒有打敗仗的情況下，很難想像蘇聯政府會放棄對東歐的控制，更遑論會讓非俄羅斯人的加盟共和國分離出去。當這種不可能的事發生（特別是因為蘇聯和東歐都沒有出現會讓蘇聯保安力量繃緊乃至被打敗的龐大群眾起義），它在俄羅斯人心頭烙印下一道深重的創傷——這創傷即使在創傷多多的二十世紀亦罕見其匹。德國在二次大戰的戰敗震撼了德國人，猶太大屠殺的揭露讓他們有巨大的反思歷史工作要去做，但那仍然是可理解的，而德軍也英勇戰鬥到最後。反觀蘇聯的解體卻是從戈巴契夫雄心勃勃的改革計畫突然冒出來，既沒有人反對也沒有明顯的必要性或歷史理路。

一個半世紀以前，托克維爾（Alexis de Tocqueville）在其經典名著《舊制度與法國大革命》（*The Old Regime and the French Revolution*）中主張：「一個壞政府最危險的時刻一般而言就是著手改革的時刻。」但這番話對戈巴契夫殊少安慰，因為他認為自己所做的事是在給一個革命回春，不是拯救一個「舊制度」。

戈巴契夫與國內改革

布里茲涅夫在一九八〇年代之初年屆七十中旬，但他看起來又老又病已經很多年。他四周的人也已經老邁（這些人在他晚年凝聚成一個保護性方陣）。當布里茲涅夫終於在一九八二年離世後，大家屬意由「格別烏」頭子安德洛波夫繼承大位：他比布里茲涅夫小八歲，但有活力得多，身邊有也有一批有改革心靈的年輕思想家，其中之一是費奧多爾．布爾拉茨基（Fedor Burlatsky）。但過了一年多一點點之後，安德洛波夫也病死了，由布里茲涅夫一個不傑出的門人契爾年科繼位。契爾年科也是差不多一年便死了。這時候，就連強硬分子都不得不承認，他們需要一個年輕一點的人當黨的領導人。戈巴契夫雀屏中選。他比契爾年科小二十歲，比布里茲涅夫小二十五歲。他是在斯塔夫羅波爾主政了二十年後於一九七八年被調到莫斯科，主管全國的農業（斯塔夫羅波爾是他的老家，也是一個農業區），一九八〇年起成為政治局成員。戈巴契夫在一九八四年是安德洛波夫欽點的繼承人，但其他政治局成員屬意年長的契爾年科。他最終在一九五八年三月成為了黨的總書記。

有開放的心靈和活力十足，戈巴契夫是一個好政治家和共識促成者，也是一個有效率的行政管理人員，對莫斯科以外的地區一樣有所了解。但在一九八〇年代早期，他怎樣看都不像一個未來的革命分子。就像赫魯雪夫和布里茲涅夫一樣（但輩分要小一點），他是優惠性差別待遇政

布爾拉茨基（中）和美國蘇聯學家傑瑞・霍夫（Jerry Hough）。布爾拉茨基是赫魯雪夫、安德洛波夫和戈巴契夫主政時期的改革倡議者和政策顧問。

策的受益人，出生於一個農民家庭。這個家庭在史達林年代吃了很多典型苦頭：他的兩個叔叔和一個阿姨在一九三〇年代早期的饑荒中餓死，他的祖父和外公在大清洗期間被逮捕。（這樣矛盾的身世在他的那一代人並不是不尋常：他的同僚和後來的對手鮑利斯・葉爾欽〔Boris Yeltsin〕有類似身世，後來成為他的外交部長的喬治亞人愛德華・謝瓦納茲〔Eduard Shevardnadze〕也是如此。）因為年紀太輕而沒有打過二次大戰，戈巴契夫缺乏讓布里茲涅夫領導班子結合起來的中心經驗。因為受到的是律師教育而不是工程師教育，他是第一個自視為知識分子的蘇聯領導人。知識分子身分對他的社會學家妻子蕾莎同樣重要。他既認為自己是「體制的產品」，也認為自己是「六〇年代」一代的人。他認真閱讀列寧的作品，但他在一九六八年默默批評蘇聯入侵捷克，又在其後對蘇聯離開了內部改革的道路感到惋惜。

戈巴契夫是透過「解凍」的稜鏡看改革，視之為要給社會主義回春而不是放棄社會主義。他的兩個關鍵詞——在一九八六年第二十七次黨代表大會發布——是「perestroika」（重建）和「glasnost」（開放）。在兩者之中，他最終把政治上的「開放」放在前頭。在差不多同一時期的中國（這時的中國仍然和蘇聯疏遠），鄧小平做出的選擇卻相反：據鄧的兒子說，他父親認為戈巴契夫是個「蠢才」，不知道應該把經濟改革放在政治開放前頭。現在回顧起來，從比較蘇聯改革和中國改革的後果觀之，這個評斷確實有理。不過戈巴契夫的選擇也是有他的道理。他深知反對經濟改革的力量可能會有多大，希望通過由有改革心靈的知識分子領導民意克服這些阻力。

在有任何經濟改革被感受到之前，政治開放便已向著蘇聯大眾撲面而來。它和知識分子的假設一致，根據這個假設，政治開放首先意謂著解除對自由討論的限制。一些一九六〇年代的名字從陰影處走了出來，再次成為名人：一個例子是葉夫圖申科，他將會是戈巴契夫在一九八九年推出的人民代表大會的支持者；另一個例子是杜金采夫，他寫了一本反對李森科的新小說《穿白衣的人們》（*Robed in White*）。索忍尼辛的《古拉格群島》（*Gulag Archipelago*）和歐威爾的《一九八四》都第一次在蘇聯得到出版。「去史達林化」恢復了過來。布哈林和季諾維耶夫獲得平反。獲得的平反的還有一九二〇年代早期的「工人反對派」[1]和在一九五二年「醫生陰謀」中被定罪的猶太人醫生。托洛茨基雖然沒有獲得平反，卻也被人重新提起。

知識分子所嚮往的言論自由和出版自由一夜之間變為現實。拜政治開放之賜，蘇聯報章出現大量對「歷史錯誤」的深入批評，這些「歷史錯誤」包括集體化、大清洗、二戰期間的差勁決策、戰時的族群放逐和戰後的反猶太主義等。報紙和「厚雜誌」競相爆料、刊登本來一直被藏在抽屜裡的手稿和推動被鬥垮革命英雄的平反。對某個年紀和種類的蘇聯作家來說，也就是說對一個赫魯雪夫式寫實小說和戲劇的作者來說，這是一個黃金時期，因為他可以盡情揭發社會弊病、歷史黑幕和政治醜聞。這時期對一個蘇聯讀者來說同樣刺激（只嫌可讀的東西太多），讀到的任何東西都有可能動搖一個人對蘇聯體制的信仰。戈巴契夫的假設就像有改革心靈的舊式「厚雜誌」一樣，認為「說出真相」只會有益無害，最終可以透過淨化蘇聯的體制使之強化。可惜的是情形恰好相反。急速暴露蘇聯社會主義瑕疵的後果是動搖了大眾對改革的信心，不是強化他們有志一同支持改革的決心。

戈巴契夫的改革以一個有清教徒主義味道的政策展開：禁售伏特加。這是繼承自安德洛波夫的短暫統治時期，也是對下跌的男性平均壽命和勞動產能低落的一個合理回應。但此舉對政府財政不是好事，在酒徒之間也非常不受歡迎，換言之是在絕大部分斯拉夫男性中間不受歡迎。對於經濟改革，戈巴契夫進行得極端謹慎。成立合作社是他的第一個建議（自列寧以來這就是對官僚主義中央集權毛病的一個典型蘇聯式回

1 譯注：工人反對派是一九二〇年俄國共產黨內出現的派系，起因是蘇俄變得過度官僚化。「工人反對派」主張將國家經濟管理權移交給工會。

應，但從來沒有創造過奇蹟）。由於合作社成員只要自己工作就可以僱用勞工，它們有著以私營企業方式運作的潛能。但它們的創立卻受到重重限制，也遭到一些未能回答的問題所困擾（例如在沒有商業房地產市場的情況下，一間剛成立的合作者要使用什麼場地？）相似的難題也出現在既容許農民擁有自己的農場但又維持禁止土地買賣的規定的矛盾。與外國投資者合作經營的合資公司從一九八七年起被批准存在，但要打通層層的官僚體系和建立可靠的物料供應來源對外國人來說仍然極端困難。麥當勞是一則成功的故事，它一九九〇年在莫斯科開了第一間門市。不過在這個

「先生，你想要一個美國大麥克嗎？」這幅1991年的漫畫是V. Polukhin所繪。

成功故事背後是超過十年的謹慎準備工夫，包括種自己的馬鈴薯以供炸薯條之用、養自己的牛以製作漢堡和教育俄羅斯員工對顧客笑容可掬而不是怒目相向。

戈巴契夫對市場的不信任是阻礙經濟改革的一個因素。不過他的緩慢推進也是有著重要的政治考量。蘇聯民眾已經習慣了政府對基本商品的大幅價格補貼，而任何向市場方向的移動都一定會讓價格上升。蘇聯人引以為傲的蘇聯福利國家是與職場（所有職場都是國家擁有）提供的貨物及勞務緊密相關，這是另一個推行私有化所必須解決的複雜問題。

一九八六年四月的車諾比災難成為了發動政治開放的催化劑，一開始特別鼓勵批評高階官員和提高大眾對環境災難的意識。不走運的是，一九八六年也是油價自它在一九七〇年代和八〇年代早期的歷史高位開始回落的一年。高油價在一九七〇年代中葉升至每桶約六十美元，到一九八〇年更是升至超過一百二十美元，但從一九八五年年底起急速下降，在接下來幾年停留在四十美元上下。每年的「國民生產毛額」只剩赫魯雪夫時代的一半，到了一九九九年更是下跌至百分之負二・三。在一九八七年六月向中央委員會報告蘇聯的經濟情勢時，戈巴契夫指出，浪費、無效率和不準確的報告已經創造出一種「危機前」的局勢。

人口展望即便不是危急也是有點灰暗。除了穆斯林地區以外，都市和鄉村的婦女都生更少小孩，而俄羅斯人的人口在全人口中的佔比下降，於一九八九年跌至百分之五十・七。（如果蘇聯能存活到下一次預訂的人口普查日期，俄羅斯人人口將會第一次跌穿百分之五十。）男性平均壽命在一九七〇年代的大幅衰退之後有一點點回升，在一九八〇年代增加了一年半壽命，但仍然比美國人的平均壽命短八年。儘管如此，蘇聯的人口仍然是一個老化的人口，領養老金的人（三千萬）幾乎和共青團年輕人組織的成員一樣多。

在政治策略上，戈巴契夫以長於談判和調解著稱。他以這些技巧為政治局換血，說服一些較老的成員體面地退休。其中一個被引入的新人是葉爾欽，他是一九八五年年底從烏拉山調來莫斯科主持黨組織。他很快就成為政治局的激進派性急分子，然後，在一九八七年，他與政治局的保守分子發生衝突，大動作辭職以示抗議。戈巴契夫從來沒有能夠建立一個在他領導下堅定支持改革的團結政治局，這部分是因為他對他想要改革些什麼繼續猶豫不決。他愈來愈依賴一些本來不在內部圈子裡的開明顧問，例如雅科夫列夫。雅科夫列夫是黨內的自由派和中央委員會宣傳部部長，曾任命一些改革者出任媒體的關鍵職位。在一九八七年進入政治局之後，他成為了強硬分子的出氣筒。

如果說戈巴契夫在政治局步步為營，他對各共和國和各區域的第一書記就強硬得多，短時間內就替換掉他們大部分人。不過，雖然就像赫魯雪夫和布里茲涅夫一樣曾任區域性黨書記，他卻不像兩位前任那樣意識到有沒有這批政治班底的支持關係重大，也對民族議題的重要性缺乏敏感。其中一個因為腐敗罪名而被撤職的中亞領袖是丁穆罕默德·庫納耶夫，取代他成為哈薩克第一書記的是一個俄羅斯人。（這事在阿拉木圖引發暴動，幾年後，那個俄羅斯人被一個哈薩克人取代。）

一九八七年，戈巴契夫在他的改革目標裡加入「民主化」的項目。雖然是一個西方名詞和概念，但蘇聯的歷史上卻有過民主化的先例：在一九二〇年代中葉選舉蘇維埃代表和黨官員時實驗性地推出一個以上的候選人，後來在一九三〇年代中葉又再這樣實驗一次。兩次實驗都失敗了，靜悄悄地收場，沒有什麼災難性後果。如果實驗再次失敗，有可能會採取更激進的步驟，允許共產黨內部發展出以政策為基礎的派系（這種可能性自一九二〇年代早期便沒有被討論過），又或者是更激進地允許成立反對黨，廢除共產黨的一黨專政。不過在政治開放的早期階段，戈巴契夫完全沒有用這種方式思考。他在一九八八年六月第十九次黨代表大會上勾勒的「民主化」是把行政權力從黨高層轉到政府高層手中（一度被稱為「蘇維埃的回春」），並允許一個候選人以上的選舉。

但戈巴契夫又出人意表地宣布要成立一個沒有歷史先例的機構「蘇聯人民代表大會」（Congress of People's Deputies of the Soviet Union），其作用是要選出一個做為開放政策引擎的新的最高蘇維埃。與蘇聯選舉的習慣模式不同（這些選舉都是只有一個候選人，實際上由共產黨提名再由民眾投票），這次選舉有多名候選人，他們的競爭引起了政治熱度。共產黨提出的候選人仍然在代表大會裡占據一定議席，同樣情形也見於其他一系列的「社會組織」，包括工會、婦女委員會（這是對一種自從一九二〇年代就基本上被忽略的組織形式的復甦）、作家協會和科學院等。共產黨的提名過程風平浪靜，主要的戲劇性事件是麻煩製造者葉爾欽從它的名單被剔除。（不過他仍然獲提名莫斯科市的其中一個議席，並以百分之八十九的票數打敗黨派出的候選人。）然而在科學院和作家協會，因為改革派和保守派的互相競爭，爭取提名的過程非常激烈。

選舉在一九八九年三月舉行，選出兩千兩百五十名代表，其中百分之八十五是共產黨員。（這並不奇怪，因為大部分受過高等教育又有進取心的蘇聯人都是共產黨員。）但共產黨推出的候選人卻有兩成敗選，而且被選出的代表中包含著為數不少的激進分子，包括了葉爾欽和異議分子沙哈洛夫，他們在以開議後竭盡所能組成一個投票集團。很多有改革心靈的代表都是知識分子，而知識分子中也包含親斯拉夫派的民族主義者，例如作家拉普斯京。一般工人、集體農場農夫和女性（這些範疇在舊的非民主蘇維埃選舉中總是保留著）在新的議會中代表人數不多，因為他們受到開放政策激勵的程度遠低於知識分子。不過非俄羅斯裔的民族——他們是過去非民主選舉的另一個傳統受益人——開始發出政治聲音。「人民陣線」（popular fronts）在波羅的海三小國出現（起初由改革支持者和民族主義者構成），他們的支持對候選人是不是能當選攸關重大。有多到意想不到的資深黨候選人落選，其中包括拉脫維亞和立陶宛的總理，還有五個共和國首都（包括基輔）的黨第一書記。

開放政策已經創造出一個基本上自由的傳播媒介，而在「人民代表大會」開議後，電視轉播把葉爾欽和沙哈洛夫對戈巴契夫政策的熱烈攻擊播放到全國。所謂的「非正式協會」如雨後春筍般地出現在全國各地，大部分都是小型，各有各的興趣和追求（從生態保護到舉重不等）。就政治傾向而言，它們有些是民主派，有些是社會民主派，還有形形色色的民族主義派。「紀念」（Memorial）是一批前異議分子在一九八九年一月成立的人權組織，致力於支持鎮壓活動的受害者。在政治光譜的另一端，「記憶」組織（Pamyat）本著東正教精神致力於民族復興，包含著若干反猶太主義成分。在「人民陣線」內部（這組織已經從波羅的海延伸到其他共和國），其原來的親改革成分常常被民族熱情淹沒，愈來愈對莫斯科的任何領導（包括進行改革方面的領導）反應冷淡。

各共和國的新制選舉開始於一九八九年最後幾個月，一直持續到一九九〇年春天。除了共產黨以外，蘇聯仍然沒有有組織的政黨，不過有一些臨時出現的政治群體和集團推出候選人名單，而從黨的立場來看，選舉結果愈來愈讓人驚訝。最早登場的愛沙尼亞選舉產生了一個以在地「人民陣線」及其盟友為大宗的議會和一個新的總理。最後登場的喬治亞選舉在一九九〇年十月舉行，共產黨得票三成，徹底輸給了一個得票五成四的民族主義者聯盟。在這兩者之間，「烏克蘭人民運動」（Rukh）的民族主義者和「綠黨」贏得大比數的席位，西烏克蘭的候選人包括一個東正教會的都主教當選。在俄羅斯，一個改革派群體（「民主俄羅斯」）在大城市贏得很多席位，在整個俄國贏得超過五分之一選票。經過一些角力之後，它的候選人葉爾欽被選為共和國最高蘇維埃的主席（這個蘇維埃現在常常被西方的報導稱為「議會」）。只有在中亞，本土的執政共產黨菁英仍然緊緊把持選舉過程（通常只推出一個候選人）。

有人嘗試透過在共產黨內部建立派系讓政治過程多元化，但卻沒有成功。這讓人明白，多元化只能在黨外和反對共產黨才會成功，因此有改革心靈的共產黨員開始退黨。戈巴契夫的原意完全不是在蘇聯內部創立一個多政黨體系或廢除共產黨的領導角色，但在壓力下，他不得不在一九九〇年代初期同時接受兩者。直到十月，這一點才被一條有關結社的立法所正式承認，但初步的政黨早已滿天飛：有無政府主義的，有君主主義的，有「民族主義－愛國主義」的，有自由派的，有社會民主派的，甚至有一個提供啤酒和香腸的「傻瓜黨」。六月，一個俄羅斯共產黨第一次被允許從蘇聯共產黨分離出來，它日後將會由強硬分子主導。於是，改革派脫離共產黨的情況加劇了，包括葉爾欽、莫斯科市長格夫里爾・波波夫（Gavriil

在這幅1990年的漫畫中，一個看似小官僚的人偷偷在牆上寫上一句得意洋洋的舊口號：榮耀歸於蘇聯共產黨。Iu Cherepanov所繪。

Popov）和列寧格勒市長阿納托利・索布恰克（Anatoly Sobchak）在內，都在七月炫示性地退黨。到了一九九一年中葉，共產黨已經失去了四百多萬黨員，萎縮了四分之一。

戈巴契夫自己仍然是黨員，透過總書記的職位而在黨內擁有一個權力基礎。但隨著共產黨愈來愈占據反改革的位置（或被認為占據這位置），形勢對一個推行改革的領袖來說愈來愈不利。一九九〇年三月，「人民代表大會」選他出任蘇聯總統的新職。蘇聯以前也有形式上的國家元首（黨大老加里寧在一九二〇年代和一九三〇年代居此位），但他們都沒有總統的頭銜（這頭銜借自西方），也沒有行政權。戈巴契夫將會是蘇聯第一個和最後一個有行政權的總統。麻煩在於這個職位是來自舊有的權力基礎和行政機構，不是出自民選，讓戈巴契夫必須要在一個名譽掃地的共產黨和一個有爭議的議會（最高蘇維埃）的支持下運作。

對外關係

有鑑於國內的局勢每下愈況，這就不奇怪戈巴契夫把愈來愈多的精神放在西方。他長於對外關係和極擅於與西方領袖打交道，在西方國家首都常受到群眾的熱烈歡迎（「戈比！戈比！」[2]）。就像他之前的布里茲涅夫一樣，他認為自己的一大功績是與美國人達成諒解，克服了他們的冷戰偏見。他的外交部長謝瓦納茲（喬治亞的前黨書記）把這一點列為開放政策的最優先目標。戈巴契夫先是在一九八五年的日內瓦峰會上與美國總統雷根（Ronald Reagan）見面，然後兩人又在雷克雅維克見面。最後，來了個驚人的大轉彎，雷根這位冷戰老戰士（他以稱蘇聯為「邪惡帝國」知名）成為了戈巴契夫的朋友，也支持相互核子武器的裁減。戈巴契夫西方人眼中業已是英雄，而雷根的改變也讓他在蘇聯人眼中成為英雄。當他和妻子南希（Nancy）在一九八八年訪

2 譯注：這是西方群眾對他的呼喊聲。「戈比」是他的暱稱。

戈巴契夫和雷根在日內瓦相見，1985年11月19日。

問蘇聯時，受到群眾歡迎搖滾樂巨星一樣的盛大歡迎。

在英國，對社會主義者素無好感的柴契爾夫人（Margaret Thatcher）表示她喜歡戈巴契夫，認為兩人能夠一起商量事情。戈巴契夫與歐洲國家領袖亦相談甚歡，其中包括法國總統密特朗（François Mitterrand）和德國總理科爾（Helmut Kohl）。戈巴契夫的願景和克服冷戰兩極性的方法是把歐洲視為「我們的共同的家」，而且看來也正在邁向實現。

表面上看，東歐是任何邁向歐洲一體化的障礙。如果東歐國家（還有蘇聯）被鼓勵走上一條民主改革的道路，那就很有可能它們其中一些會決定甩掉它們不受歡迎的共產政權。「布里茲涅夫主義」仍然被固守著嗎？戈巴契夫一向都是對東歐不太感興趣的樣子，而他也明顯鄙夷一些長期在位的共產黨領袖，例如東德的何內克（Erich Honecker）和羅馬尼亞的西奧塞古（Nicolae Ceaușescu）。看樣子，戈巴契夫老早就私底下告訴過東歐國家的領袖，在遇到麻煩時，他們應該照顧好自己的合法性而不是依賴莫斯科。對莫斯科來說，東歐現在所能帶來的經濟好處已經比較少，因為蘇聯以低於市場的價格為這些國家供應石油和天然氣。

結果就是——讓世人大嚇一跳的——柏林圍牆在一九八九年倒下。何內克的東德政府宣布垮台，然後德國在很短時間內重歸統一（實際上是西德合併東德）。在波蘭、匈牙利和捷克斯洛伐克舉行的選舉導致非共產黨政府上台。在羅馬尼亞，西奧塞古被推翻，然後又在應大眾的要求下被處決。對這一切，蘇聯都沒有不悅的跡象——事實是正好相反。戈巴契夫認為他已經得到德國外交部長科爾和美國國務卿貝克（James Baker）的口頭保證，不會在「華沙公約組織」瓦解之後將美國領導的北約組織擴大至東歐，甚至不會擴大至新統一的德國。他大概真的有得到口頭保證，但他應該記住永遠不要相信資本主義者，而既然當過律師，他也應該知道書面保證才是真正的保證。到了一九九〇年十月，前德意志民主共和國就被德意志聯邦共和國所吸收，成為北約實質上的一部分。

終局

戈巴契夫在歐洲之行認識了斯堪地納維亞的社會民主制，大受吸引。他在一九九〇年二月告訴黨中央委員會：「我們的理想是一種仁厚的、民主的社會主義。」又補充說：「我們繼續忠誠於一九一七年十月所做的選擇。」但仁厚的、民主的社會主義並不是一九一七年十月所做的選擇。戈巴契夫這種忠誠上的矛盾表示像他這樣的人不多，而兩者都不想要的人則愈來愈多。固然也有些人堅持信奉布里茲涅夫時代發展出來的蘇聯體制，但這種體制就像不符一九一七年十月的精神那樣不符斯堪地納維亞的社會民主制。還有一些蘇聯體制的反對者，但他們之中不是很多人是社會民主主義者。

在西方，很多人為戈巴契夫發出的道德政治訊息感到振奮，但蘇聯的情況卻有所不同。蘇聯人民感到困惑，而車諾比核電廠對烏克蘭和白俄羅斯大片地區的污染讓民眾的談話多了一層末日色彩。根據開放政策期間在俄羅斯從事田野工作的西方

加上保護外罩之後的車諾比第四號核子反應爐（由烏克蘭監管）。

人類學家報導，人們對苦難和「俄羅斯之魂」（dusha）——這個概念在蘇聯的全時期都受到反對——有一種近乎杜斯妥也夫斯基的關注。人們有一種強烈的無力感，感覺有什麼「力量」在推著蘇聯走，但要推往哪裡和為什麼推只有天曉得。再來還有一種荒謬感籠罩著現在和過去的革命夢想。人們反覆地說：「我們的生活方式並不正常。如果我們能是一個正常國家就好。」但看來沒有人知道何謂正常。

電視對蘇聯陰暗歷史的披露讓很多觀眾受不了。他們為古拉格集中營和蘇聯政府的其他殘暴行徑感到震驚和憂鬱。他們也對東歐的背叛感到難過，同時有一種忿忿不平（「我們為他們做了那麼多！」）和一種一廂情願的困惑（「我們還以為他們喜歡我們！」）。隨著開放政策而來的新放縱讓很多老一代的人不以為然，卻讓年輕一代感到興奮：出現在街頭書攤上的不是只有循循善誘的社會民主主義大部頭著作，而是還有色情書籍、占星書籍、美容和性愛手冊、有關「超感官知覺」和「黑暗力量」的書籍、反猶太主義小冊子和宗教讀物，它們雜然紛陳，不協調之極。

雖然葉爾欽在一九八五年前的事業生涯看不出來他與俄羅斯民族主義者或自由派知識分子有什麼共通之處，但他在改革開放期間成功地吸引了兩者的目光。莫斯科成為了一種各式各樣激進活動的蜂窩，而以莫斯科為基地的蘇聯媒體起著擴音器的作用。與此同時，有點雜亂和湊合的私部門繁榮茁壯，售貨亭如雨後春筍出現在城市各處。這些年間蘇聯的首都業已有一種「後蘇聯」的感覺：地鐵站取消以前蘇聯領導人（如日丹諾夫和加里寧）為名，而城市的主要街道在一九九〇年年底恢復它們在革命前的名字（高爾基大街改回特維爾大街，捷爾任斯基廣場改回盧比揚卡廣場）。列寧格勒還要更進一步：這城市在一次險勝的公投之後，名字改回聖彼得堡。[3]

如果誠如戈巴契夫所言，蘇聯經濟在一九八七年經歷了一次「危機前」的處境，那麼到了一九九〇至一九九一年，這處境便爆發為一次全面性的危機。這主要是戈巴契夫自己的政策導致。他主政初年深受歡迎，但到了一九九〇年，支持率掉到只有兩成，在一九九一年更是跌到零之下。蘇聯的經濟增長率一樣進入了負數領域。油價在一九九〇年十一月到達高位，但翌年年中便再次跌至四十美元一桶上下。但不管怎樣，蘇聯的石油產量都已經比前一年減少了百分之九。這已經是連續第三年的產量降低，以至於有些人擔心，如果這種趨勢持續下去，蘇聯有可能會需要開始進口石油。蘇聯在一九八〇年代早期的小型預算赤字到了一九九〇年底膨脹為近五百八十億盧布（這是官方數字，美國經濟學家的估計要高得多）。黃金儲備直線下降，國內商品的價格直線上升。通貨膨脹漲個不停，供應問題在城鎮出現，街頭犯罪事件竄升。

與此同時，「主權」這個語意朦朧但讓人不安的字眼卻到處聽見。它首先出現在波羅的海三小國，它們起初只是要求主權獨立，但繼而由靠選舉上台的人民陣線政府宣布主權獨立。到了一九九〇年年底，這種情形蔓延到了幾乎所有共和國，包括中亞各共和國——在那裡，宣布主權獨立的不是反對蘇聯建制的人民陣線而是本土的蘇聯建制本身。根據一九三六年和一九七七年的蘇聯憲法，各共和國本來就擁有有限主權，但現在它們想要更多。在這個階段，主權所指的是強烈削減莫斯科的權力，把控制自身資源（包括稅收）的權力轉移給各共和國。這種趨勢當然讓莫斯科非常惶恐，因為主張擁有主權有可能會升級為宣布獨立和脫離蘇聯（波羅的海地區特別有此可能）。然而更加讓人煩惱的是葉爾欽領導下的俄羅斯共和國是最早（一九九〇年六月）宣布擁有自己領土和資源的共和國之一，而它所說的資源很快就清楚表明是包括稅收。俄羅斯共和國是蘇聯的核心，在一九八九年佔有百分之七十七蘇聯領土、百分之五十一蘇聯人口和蘇聯約五分之三的物質生產淨值。先不提較小的共和國，如果俄羅斯決意要保留它的稅收，蘇聯政府又怎樣進行統治？

3 譯注：說是「還要更進一步」是因為聖彼得堡在改名為列寧格勒前一度改名為彼得格勒。

歷史上，俄羅斯共和國欠缺共和國專有的一些機構，包括一個俄羅斯共產黨、「格別烏」和科學院（這些機溝都是其他加盟共和國擁有）。此一設計本來是為了打壓俄國民族主義，而其在某種程度上看來有效：根據蘇聯晚期的民意調查，俄羅斯人比任何其他族群在民族歸屬上更自視為「蘇聯人」。但在行政管理上，因為蘇聯和俄羅斯共和國都是以莫斯科為首都，這常常表示兩者的管轄權的界線是模糊的。在改革開放前，沒有人曾經想過用俄羅斯共和國來做為爭奪大位的權力基礎。這種情形到了葉爾欽有所改變。

在一九九〇年的共和國選舉中，葉爾欽獲選俄羅斯最高蘇維埃的主席，這是他直到一九九一年六月前的權力基礎。然後他有了一個新的權力基礎：透過民選成為新設的俄羅斯共和國總統（這個職位很大程度上是他一手創立）。早在一九八七年三月，一個俄羅斯民族主義議員就曾經挖苦說，讓俄羅斯脫離蘇聯獨立也許可以解決很多問題。當時這句玩笑話曾經引起最高蘇維埃哄堂大笑，但到了一九九〇年，這種想法不再是玩笑。俄羅斯不再把它的稅收交給蘇聯政府。戈巴契夫的蘇聯和葉爾欽的俄羅斯共和國就這樣僵持在一種沒預料到的、新的「雙頭權力」狀態中。

戈巴契夫和葉爾欽不是唯一把自己從本轄區共產黨最高領導人轉換為總統的人。

大部分加盟共和國的第一書記也是如法炮製。所以到了一九九一年秋天，蘇聯就包含著一批由總統領導的共和國——蘇聯總統則被假定為凌駕於他們之上的超級總統。

起初分離主義並不是大部分加盟共和國政治日程表的優先事項。住在其他共和國的兩千五百萬俄羅斯裔是一塊絆腳石，而最尖銳的民族問題有時是某共和國內主體民族和其他族群的衝突，例如爭奪納哥諾卡拉巴赫（Nagorno-Karabakh）的血腥衝突——納哥諾卡拉巴赫是亞塞拜然內的一個亞美尼亞裔自治區。俄羅斯共和國也面臨本身的自治區和加盟共和國提出主權主張的情形：喀山（Kazan）——一個韃靼人略佔多數的伏爾加河畔城市——宣布自己是韃靼利亞（Tataria）的首都，而在車臣（很多車臣人都是回歸故土不久，仍然對自己的被放逐感到憤怒），一個民族議會在一九九〇年十一月首度呼籲成立一個擁有主權的車臣共和國。非俄羅斯人共和國的民眾態度和菁英意向都是高度不穩定。一本暢銷雜誌在一九八九年進行的調查顯示，全國大多數人都支持繼續留在蘇聯。但事實上三個波羅的海國家從來都不甘心被蘇聯併吞，不斷往出口移動，摩爾多瓦和由前異議分子茲維亞・加姆薩胡爾季阿（Zviad Gamsakhurdia）領導的喬治亞顯示出相同趨勢。在中亞，在地領袖有強烈的本土支持，沒有逼他們脫離蘇聯的民眾壓力，但他們大部分對激進的改革開放和私有化並不熱情，所以在這方面愈來愈不信任莫斯科。在各共和國內，很多人開始相信他們是俄羅斯（蘇聯）帝國主義剝削的歷史受害者。俄羅斯共和國的人則當然不這樣認為。

一九九一年三月就是否保留蘇聯而進行的全蘇聯公投顯示，大多數人仍然偏好一個「由眾主權平等共和國組成的新聯邦」（百分之七十七的人投贊成票，包括烏克蘭有七成人贊成）。不過投票議題的構作方式暗示，各共和國雖然應該繼續在一起，但卻是以一個不同的基礎在一起。讓這一點更顯突出的是，當烏克蘭選民被問到是否想要成為一個主權國家的公民時，八成的人回答說想。另外，所謂的「全蘇聯」民調是個灌了水的概念，因為六個離脫蘇最近的共和國——波羅的海三小國、喬治亞、摩爾多瓦和亞美尼亞——拒絕參與公投。剩餘的九個共和國在四月派他們的領袖（包括俄羅斯的葉爾欽、哈薩克的努爾蘇丹·納扎爾巴耶夫〔Nazarbayev Nursultan〕、烏克蘭的列昂尼德·克拉夫丘克〔Leonid Kravchuk〕）去跟戈巴契夫討論局勢，最後約定成立一個「蘇維埃主權共和國聯盟」（即去掉了「社會主義」幾個字）。這個新聯盟將由一個總統領導，採行共同的外交和軍事政策。在後來起草章程期間，因為葉爾欽的施壓，新聯盟愈來愈像一個邦聯，其總統愈來愈失去施政功能。與此同時，俄羅斯、烏克蘭和其他共和國政府繼續靜悄悄奪取蘇聯政府在它們國土內的職能。但不管怎樣，成立新聯盟的條約從來沒有落實。一場政變在半途殺出。

戈巴契夫的兩大權力基礎是共產黨和總統職權，但黨的聲譽和士氣正在快速下沉，而總統職位現在也變成了空殼子。雖然繼續得到強大國際支持，戈巴契夫開始擱淺：就像一九一六至一九一七年間的沙皇和帝俄那樣，他和蘇聯政權的合法性正在快速流走。任何理性的觀察者都會預料，他將會遭遇左派或右派發動的政變——最有可能是右派所發動，就像科爾尼洛夫將軍在一九一七年發動的那一次。政變果然在八月中發生，但卻笨拙無能得讓人發笑。當時戈巴契夫和家人在克里米亞的福羅斯

政變期間葉爾辛站在一輛坦克上頭發表演說，坦克操作員以手掩面。1991年8月19日。

（Foros）度假，副總統根納季・亞納耶夫（Gennady Yanayev）、國防部長德米特里・亞佐夫（Dmitry Yazov）和「格別烏」頭子弗拉基米爾・克留奇科夫（Vladimir Kryuchkov）突然出現，要求他宣布國家進入緊急狀態。他拒絕之後，他們飛回莫斯科，自行宣布國家進入緊急狀態，並佯稱戈巴契夫生病，由亞納耶夫代理視事。這段期間戈巴契夫受到居家軟禁，無法與外界接觸。

這次政變是莫斯科的陰謀者一手操辦，沒有認真尋求各共和國的領袖贊同。亞塞拜然領導人是唯一發表聲明支持政變的，其他絕大部分領導人審慎等待，靜觀其變。就像從前的科爾尼洛夫那樣，政變的策畫者大概以為他們是在採取主動以阻止國家解體，因此是幫了戈巴契夫一把。不過他們在電視上宣布這件事情的時候表現拙劣，導致數以萬計的人走上莫斯科街頭抗議。軍隊和坦克被派到市中心，但他們沒有接到開火的命令，也不傾向於開火。由於陰謀策畫者的無能，葉爾欽成為了當時得令的英雄，他站在一輛坦克上頭演講的照片傳遍全世界。政變策畫者失去了勇氣，戈巴契夫被釋放，返回莫斯科。但他的政治地位，還有蘇聯存活的前景，已經受到了致命一擊。

政變結束後，葉爾欽以俄羅斯共和國總統的身分禁止共產黨在俄羅斯境內活動。烏克蘭在一九九一年十二月一日舉行公投。這國家起初的民族主義熱情不高，但後來經歷了一個階段的急升，結果有九成選票贊成獨立，投票率是百分之八十四。這表示不只大多數烏克蘭的烏克蘭裔投贊成票，大多數俄羅斯裔也是如此。

早前在八月初，美國總統布希（George H. W. Bush）在烏克蘭首都的一場演說中——美國國內的批評者藐稱之為「基輔雞演說」[4]——曾經支持戈巴契夫和蘇聯，警告說要提防「自殺式的民族主義」。不過到了十一月，因為受到來自國會和烏克蘭人遊說團的巨大壓力，布希改變了態度。烏克蘭的即將脫隊，還有美國的可能

4 譯注：基輔雞是一道烏克蘭名菜。稱布希的演講為「基輔雞演說」是因為這演說是在基輔發表，而「雞」在英語中又有軟弱的意思。

戈巴契夫和家人在1991年8月22日從福羅斯回到莫斯科。

默許，都是蘇聯棺材上的重要釘子。

不過，蘇聯之死的主要劊子手卻是葉爾欽。戴安娜王妃嘗言，她的婚姻裡面因為有三個人而有點擠。這一點也適用於莫斯科的兩個總統。兩人之中，戈巴契夫因為不是民選，所以處於弱勢。如果他在政變之後便辭職，讓葉爾欽可以繼他之後成為蘇聯總統，那麼蘇聯就可能不會像後來的那樣解體得那麼徹底，因為蘇聯的存在對葉爾欽有利。但戈巴契夫卻到了一九九一年十二月二十五日才辭去蘇聯總統職位，而到了那時候，在葉爾欽的提議下，俄羅斯、烏克蘭和白俄羅斯三個共和國的領導人已經祕密會過面，同意成立一個比蘇聯小得

捷爾任斯基的雕像在1991年8月23日被推倒，現放置在莫斯科的「倒地紀念碑公園」。自2006年起，一尊一模一樣的雕像豎立在白俄羅斯的首都明斯克。

多的繼承者：獨立國協（Commonwealth of Independent States）。這國協有統一的軍隊但沒有單一總統或議會。協議好幾天後在三個共和國獲得批准。當美國國務卿貝克在一星期後造訪莫斯科時，他在克里姆林宮受到俄羅斯總統的接見，在場的還有新任的蘇聯國防部長葉夫根尼・沙波什尼科夫（Evgeny Shaposhnikov）。戈巴契夫的辭職是對一個既成處境的承認：這既成處境就是他做為總統而領導的那個國家已不復存在。

蘇聯共產黨在政變之後解體。在幕後瓜分蘇共資產的人很多，但分到在最大份的是代表俄羅斯共和國的葉爾欽。各共和國領袖對在他們國內的蘇聯政府和共產黨資產如法炮製。俄羅斯共和國如今變成了蘇聯的繼承國，俄羅斯的三色旗取代蘇聯國旗飄揚在克里姆林宮上。其他的共和國（有些是熱情地，有些是別無選擇地）宣布自己是主權獨立國家。蘇聯就此瓦解。十年前還是一個有著強大軍隊和警察的穩定超級強權，共產黨黨員近兩千萬，它現在卻陡然崩塌，過程中沒有用一槍一彈自衛。

結論
CONCLUSION

★

為締造和維持蘇聯而流了大量的血——有理想主義者的血，有流氓和野心家的血，但流最多血的是只關心生存的普通人。這個國家幾十年來對世界其餘部分關上大門，致力於建設社會主義，一大追求是讓國家強大和現代化。其政府犯下危害人民的大罪：大清洗，流放富農和少數民族，設立和擴大古拉格。然後它面臨了擔心已久的對外流血：二次大戰帶來了幾千萬人命的損失和規模巨大的破壞。戰後隨著邊界的再次封閉，國內環境逐漸平靜下來。有近五十年時間，蘇聯沒有出現重大的流血事件或動盪。

布里茲涅夫治下的蘇聯是一個福利國家，相對上仍然貧窮，但平等主義精神盛行，每個人都能夠受教育和有工作，儘管戰前那種向上流動（或向下流動）的大機會已不復見。高級文化被帶入民眾之中，儘管這惹惱了一些該種文化的創造者（他們也惱怒接觸不到西方的「頹廢」傾向）。男性酗酒而不會受到社會譴責；女性仍然被迫用墮胎做為家庭計畫工具，需要外出工作和打理家務事兩頭忙。多元文化主義是一個基本的社會要求，公開表達種族偏見是禁忌。在國有經濟及其勉強運作的中央規畫體系的空隙處，貪腐欣欣向榮。大煙囪工業的建設在一九三〇年代曾經是國家的榮耀，後來卻對環境造成了重大傷害，一個重要例子是車諾比核電廠的輻射外洩。蘇聯政府聲言要致力追求國際和平，但又花不少錢整軍經武。邊界現在固然已經稍為打開，但對受過高等教育的中產階級來說打開得仍然不夠大。安全部門已經放棄了恐怖手段；監視或懲罰不再隨機施加，而是集中用在決定要扮演異議分子角色的人身上；他們人數相對較少，但有「自由電台」之類的外國電台做為回音室。經營私人領域是一個口號，但蘇聯生活一成不變的單調乏味基調，加上熟悉得不能再熟悉的政治宣傳說教，它對老一輩的吸引力要大於對年輕一輩。

布里茲涅夫稱這一切為社會主義，而它斷然也符合很多形式上的社會主義判準，包括了國有、保護性福利措施、婦女解放和對族群多樣性寬容。它一個不利之處是需要蘇聯半孤立於世界，也缺乏民主，也就是人民沒有選擇或廢除領袖的權力或者在相互競爭政黨中選擇的權力。但缺乏民主不是大部分蘇聯人的主要怨言：他們的不滿更多是來自物質層面。社會主義應許會帶來豐盛，但蘇聯的生活水平卻是低於發達的西方，而到了一九六〇年代之後，蘇聯不再看似可以很快趕上這種差距。如果這就是社會主義，那麼很多蘇聯人會想要別的。

從蘇聯瓦解的那一刻起，每個人都開始稱之為一個「帝國」。這個詞以前沒有被用於蘇聯，因為根據蘇聯的用法，只有資本主義者有帝國。而在西方，這個詞又主要用於「邪惡帝國」的脈絡。不過在一九九〇年代早期，這個詞變得到處聽見，而理由很好理解：一個突然失去邊陲地區的多民族國家必然是個帝國。而一旦它被視為一個帝國，那它的瓦解就很好解釋，也就是說可以解釋為殖民地（非俄羅斯人共和國）奮力把自己從帝國中樞（莫斯科和俄羅斯人）的剝削中解放出來。這是個聽似有理的解釋，但只有部分是事實。

首先是，假定莫斯科從殖民地得到經濟利益的看法不無疑問。非俄羅斯人共和國在開放改革期間開始這樣看事情，另一方面，俄羅斯人的看法恰恰相反，認為經濟好處都被各加盟共和國占去。西方經濟學家為避免引起不必要的麻煩，通常傾向於同意俄國人的看法。其次，解放的模式暗示著殖民地人民揭竿而起，趕走壓迫者。不嫌有點牽強的話，我們是可以說這種解釋適用於波羅的海三小國（它們是蘇聯失去得起），但它卻很難適用於其他加盟共和國。

在大部分情況，加盟共和國領導人做出獨立的決定，都不是因為抗拒不了的民眾壓力，而是因為蘇聯的瓦解讓他們有千載難逢的機會，可以不費分毫而成為民族領袖。另外，他們也是在俄羅斯帶頭的情況下這樣做。如果我們按照解放模式來解釋的話，那就一定要說俄羅斯也是要把自己從帝國的宰制中解放出來。

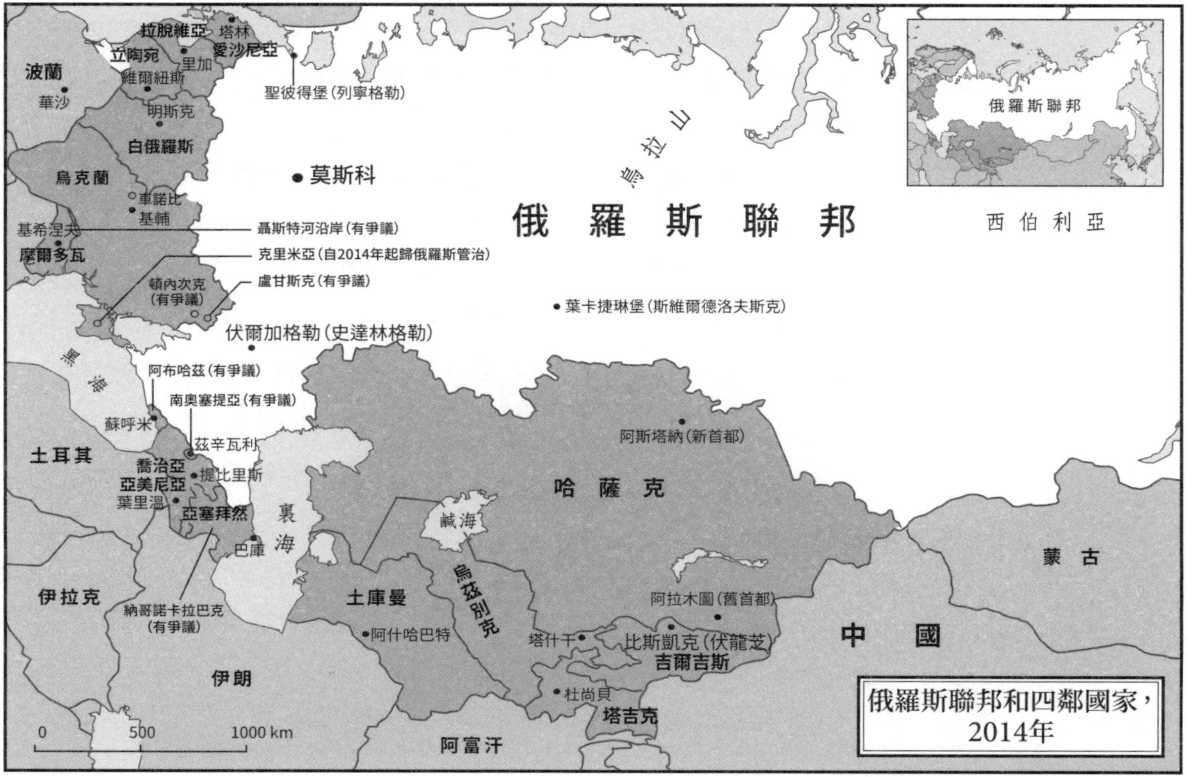

俄羅斯聯邦和四鄰國家，
2014年

西方的評論家預測後蘇聯時代的俄羅斯將會有一個民主的未來（其他新國家也是有望如此），而它的經濟必然會在市場的良性影響下擴大。但有歷史意識的俄羅斯人知道要準備好接受一個多事之秋的迎頭衝擊。一九九〇年代民意調查的受訪者中，只有不到五分之一認為俄羅斯將會受惠於西方形式的民主，而對後蘇聯時代政治實踐的觀察顯示，人們對「民主」一詞（連同「自由」和「選舉」）沒有什麼好評。在一九九九年一項民調中，俄羅斯人被問及十三個變數中哪一個對他們最重要。結果，「民主」的排名倒數第二，只勝過「企業自由」。他們的首選是「穩定」和「社會福利」。

在葉爾欽總統主政的後蘇聯時代的頭十年，「震撼」是個無處聽不見的新詞。「震盪療法」（〔Shock Therapy〕或稱為休克療法）是葉爾欽引入的私有化政策，這政策根據西方經濟學家的建議制定，由葉戈爾・蓋達爾（Egor Gaidar）執行（他是蘇聯時代知名童書作家的兒子）。考慮到本來幾乎一切都是國有，私有化是一件沒有前例可循的巨大工程。俄羅斯人稱其結果為「失控的資本主義」。在這個過程中，每個人都搶奪他們所能搶奪的資產。那些在舊政府和黨機器中位置較高和人脈較好的人搶得較多，然後嚴陣以待防衛它們。就連高級黨校的自由派學者——高級黨校是尤里・阿法納謝夫（Yury Afanasiev）任職的機構——亦示威遊行，強占一個環境較佳的校園。槍枝泛濫（蘇聯不允許私人擁槍），穿迷彩裝的保安人員亦多如牛毛（他們喜歡打開襯衫露出金項鍊）。每個人都尋求保護，而我們常常很難分得清提供這種保護的到底是警察還是犯罪集團，又或是兩者兼而有之。

本來由政府低價出租的公寓亦私有化，讓租戶可以用優惠價格購買。問題是罪犯可能會向住戶勒索，不給錢的人會被扔到街上。有些人為此給家裡裝上鐵門，但這樣並沒有能夠讓他們在樓梯間或電梯裡得到安全，所以公寓大樓開始在入口處裝設閘門和對講機。那些在鄉間擁有村屋的都市居民為求打平開支，常常會出租城裡的公寓，搬到鄉間去住。由於取消了對基本商品的價格管制和百物騰貴，「耕耘一己的園圃」在一九九〇年代不再是個比喻[1]，而是人人皆做的事情。

由於通膨和欠薪，靠退休金度日者和很多白領工人陷於赤貧。老婦人站在地鐵站外無言地遞出幾根蘿蔔或一雙羊毛手套，希望行色匆匆的通勤者會購買。乞丐和無家可歸者忽然成為了城市景觀的一部分。在工廠或辦公室工作的人即使領不到薪水一樣會繼續上班，這既是為了同事情誼也是想看看有沒有內部分配的物資供應。集體農場

1 譯注：「耕耘一己的園圃」一語本來有「先管好自己的事」的寓意。

的農民滿懷希望地指望農場主席能讓農場繼續經營下去。知識分子受到的打擊最重：不只是受貧窮打擊（他們的薪水縮水到所淨無幾），還是因為他們精神生活的寄託（如「厚雜誌」）紛紛關閉。他們和蘇聯政府對教育和高級文化的看重在他們孫子女眼中顯得滑稽可笑。現在的年輕人但求迅速學會英文，想辦法賺輕鬆錢。俄羅斯在二〇〇二年有六萬人自殺，成為了世界自殺率最高的國家。男性平均壽命從一九九〇年代初期的六十四歲少一點急劇跌至十年後的五十八歲，要直到二〇〇五年才重新回升。以有韌性著稱的蘇聯婦女再一次展現她們的韌性：在同一時期只減少了兩年半的平均壽命。她們有些人不熱中追求解放，對家庭主婦的角色繼續甘之如飴。

有些俄羅斯人大發利市，這主要是因為他們在竊占國有資產的時機成熟時反應迅速。「新俄羅斯人」是用來稱謂這些新暴發戶的詞語，而「寡頭」（oligarchs）則是指一小群極端富有的人，包括了鮑里斯・別列佐夫斯基（Boris Berezovsky）和米哈伊爾・霍多爾科夫斯基（Mikhail Khodorkovsky）——葉爾欽政府的存在被認為有賴他們首肯。別列佐夫斯基是數學家和工程師，他在蘇聯晚期領導科學院一個機構，後來是透過購買俄羅斯的主要電視頻道致富；霍多爾科夫斯基是共青團幹部，他在改革開放期間創業，開了一間私營咖啡店，後來進軍銀行業，又在一九九〇年代中葉以便宜價格從政府買得尤科斯石油公司（Yukos Oil）。這些財富的積聚總有一點點非法的味道。俄國的新資本主義雖然部分是根據西方的模型，但也是直接繼承自舊蘇聯的「第二經濟體」，透過個人關係而不是合約在一個灰色地帶運作。

俄羅斯新暴發戶以愛極豪侈的炫耀性消費著稱，例如把鄉間小屋擴建成巴洛克式城堡（這讓他們的村莊居民鄰居目瞪口呆）。他們也在西方流連大量時間，把兒子送到英國和瑞士的菁英學校，將新獲得的財富寄存海外。後蘇聯時期的一大德政是給負擔得起的人開放無限制的西方旅遊。事實證明。在蘇聯體制加諸人民的所有限制中，旅遊限制特別惹人厭。七十年來第一次，俄羅斯人有可能離開自己國家而沒有自視為流亡人士。除了生意人，著名的知識分子和藝術家現在也可以在邊界兩邊購置居所。回應開放邊界的魅惑，年輕女性不知不覺就會在歐洲幹起賣淫的勾當。

新俄羅斯享有出版自由。各種報章雜誌的政治立場各色其色，全都熱中揭發現今和歷史上的醜聞（不管是真實還是想像出來的）。但最大膽的記者需要冒生命危險，因為暗殺記者的事件（一如生意人被對手買凶刺殺）變得相對尋常。知識分子因為改革政策的失敗而洩氣（他們連同戈巴契夫被很多人認為應該為這失敗負責），而它的一些成員因為失去了道德領導地位，在新俄羅斯難於找到立足點。政黨開始出現。一個復蘇的俄羅斯共產黨在一九九〇年代達到全盛，但還有自由派和民族主義的政黨，街頭上則有一些準納粹的流氓。各政黨在新議會的選舉中角逐席位。這個議會就像沙皇時代一樣被稱為「杜馬」。「杜馬」是很多熱烈討論的場地，也帶來過一些頗不尋常的立法（包括一條「復興」蘇聯的法律），但因為總統沒有義務同意它制定的法律，所以它的存在可有可無。葉爾欽總統自己沒有組黨。他是一個有心臟病的酒鬼，健康和行為都愈來愈不穩定。

「格別烏」在改朝換代後繼續存在，只不過更名為「聯邦安全局」，也繼續保有自己的檔案庫。反觀蘇聯共產黨各個檔案庫（連同它的其他財產）卻被新成立的俄羅斯聯邦沒收，改為對外開放。一九九二年，它們被用來提供證據，以供俄羅斯憲法法庭就蘇聯共產黨的合法性做出裁決（有些前共產黨人主張葉爾欽在前一年解散共產黨是違憲）。由此激起了一場反訴訟，指稱自一九一七年以來共產黨的整個統治時期都是違憲。這起訴訟案是歷史學家一大利多，因為它解密了大批本來保密的文件。不過，《華盛頓郵報》駐莫斯科的特派員——他盡責地旁聽了聆訊——卻驚訝地發現，根本沒有人在乎這場審訊。

對於蘇聯解體的一個熱門的早期回應方式，是假裝分隔在新俄羅斯聯邦和它的前革命前驅之間的七十四年並不存在。沙皇時代的歷史現在變成是人們熱烈想要重新占有。帝國時代的雙頭鷹圖案再次成為國家的象徵。俄羅斯人重新擁抱東正教和重新發現他們的貴族祖先，一如他們在蘇聯時期的開始曾經發現他們的無產階級祖先。餐廳流行俗氣的帝國風裝潢。靈媒和巫師變得大受歡迎，有個占星學家是電視上最受愛戴的人物之一。每年十一月七日的革命紀念日仍然是公眾假期，但改了一個充滿樂觀的新名字：「和解與和諧日」。有那麼多的蘇聯領袖人像被推倒，以致必須找個特殊的地方來安置。[2]不過莫斯科

2 譯注：這個地點是「倒地紀念碑公園」（Park of Fallen Monuments）。

列寧的人像（左邊）被搬到了新家：莫斯科的「倒地紀念碑公園」。

也有了一間新的「基督救世主主教座堂」，它就建在它在一九三一年被轟掉的前身的原址（離克里姆林宮不遠）。

在蘇聯晚期有過一個熱烈的爭論：是不是就像一九七七年憲法所主張的那樣，有一個稱為蘇聯人的新民族正在出現？但現在，人們都可以信心滿滿地回答說「是」。「蘇佬」（sovok）一詞——其字面意義是簸箕——是對蘇聯人的一種新的藐稱，而這種愚昧的人種反覆在報章上受到嘲笑。有人出版了一部《蘇聯語言解釋詞典》以做為對蘇聯用語的指南（或紀念）。還有許多新的字典應需要而推出，因為多了許多外來語而俄羅斯口語和書面語又發生了許多變化。大眾媒體的語言忽然激烈地西化，出現了大量新詞，其離奇古怪的程度直追從前蘇聯所流行的首字母縮略語[3]。維克托・佩列溫（Viktor Pelevin）的《智族人》（*Homo Zapiens*）為一九九〇年代暢銷小說，是一部以廣告和電視的新世界為背景的黑色喜劇——在這個新世界中，形象和公共關係就是一切，核心的身分認同已經消失在。

這個過程中，重新自我創造的不是只有個人。新的民族國家一樣是這樣，而且甚至更加激烈。正如一個評論家指出的，這些民族國家在還沒有成為民族以前就急著建國。它們很多都是由前第一書記領導，這些第一書記在蘇聯瓦解前不久轉型為總統，然後就賴著不走。新獨立的哈薩克的總統努爾蘇丹・納扎爾巴耶夫是其中之一，他將會到二〇一九年高齡七十八歲時才辭職。亞塞拜然、烏茲別克、土庫曼的總統莫不如此。土庫曼總統薩帕爾穆拉特・尼亞佐夫（Saparmurat Niyazov）更勝人一籌之處是他自封終身總統。例外的情形當然也是有的，例如喬治亞的總統是前異議分子和莎士比亞學者加姆薩胡爾季阿。他後來被戈巴契夫的前外交部長謝瓦納茲取代，然後謝瓦納茲又被對自由市場情有獨鍾的米哈伊・薩卡希維利（Mikheil Saakashvili）取代。薩卡希維利在改革開放時期畢業於一間烏克蘭大學，如果是在從前，他會被引為蘇聯「各族人民的友誼」的例子。另一個善觀風向的例子是北高加索一個前共青團活躍分子，他自我再創造為一場民族主義起義的穆斯林領導者，率領群眾反對一個新霸權：獨立後的喬治亞。他的故事被寫入了喬治・德魯古安（Georgi Derluguian）的《布迪厄在高加索的祕密崇拜者》（*Bourdieu's Secret Admirer in the Caucasus*）。

如果聯邦制的蘇聯會瓦解為一批各自獨立的民族國家，那什麼俄羅斯共和國不會？在後者，潛在的脫隊者包括了韃靼斯坦（前韃靼自治共和國，又稱韃靼利亞）和

3 譯注：例如partkom（黨委員會）、komsomol（共青團）和kolkhoz（集體農場）等。

車臣。但葉爾欽（和繼他之後的普欽）在這件事情上畫上紅線。對車臣的脫離意圖，俄羅斯以武力解決。（這是後蘇聯時代的很多民族衝突之一，其他衝突包括了亞美尼亞人和亞塞拜然人對納哥諾卡拉巴赫的爭奪。）俄車的嫌隙將會持續多年。韃靼斯坦走了一條不同的路。它與俄羅斯簽了一紙條約，由此獲得了平等的主權（但不是獨立主權）和本國石油收入的一部分。做為獎賞，普欽還給喀山建了一條新的地鐵線。

國際上，後蘇聯時代的俄羅斯是很多美國指導（American tutelage）和私人投資的受益者，也成功保住了蘇聯在聯合國安理會的常任理事席位。但它在世界上的地位大大降低了，也不得不接受北約的東擴（戈巴契夫曾經以為西方答應不這樣做）。波蘭、捷克和匈牙利在一九九九年加入北約，斯洛伐克、斯洛維尼亞、保加利亞、羅馬尼亞和波羅的海三小國在二〇〇四年跟進。更糟的是烏克蘭和喬治亞雖然還沒有獲准加入北約，卻被承認為在輪候中。俄羅斯不僅超級強權的地位不保，連是不是還是一個世界性強國也成了疑問。它當然仍然是一個區域強權，但它的區域主要只包含前蘇聯加盟共和國和前蘇聯集團國家。在一九九一年，鼓勵過各加盟共和國離開蘇聯之後，葉爾欽和他的外交部長安德烈・科濟列夫（Andrei Kozyrev）馬上改變態度，表示他們認為俄羅斯共和國是一塊天然磁石，可以把四鄰國家以某種形式重新凝聚在一起。但他們得到的回應並不熱烈：把分離主義的精靈放出瓶子要比把他收回瓶子容易得多。與此同時，俄羅斯進行的民調顯示，百分之七十一的人認為拆解蘇聯是一個錯誤。

一九九〇年代大部分時間都是葉爾欽掌權。一九九八年的一場金融危機將國家帶到破產邊緣：俄羅斯中央銀行債務違約，盧布大幅貶值。因為健康惡化，葉爾欽環顧四周尋找一個繼任人選，結果看中了普欽。普欽曾在「格別烏」任職，熱愛柔道，行事低調，過去幾年來都是在克里姆林宮任管理工作，知道他的人不多。葉爾欽在一九九九年任命他為總理，幾個

前後對照：左圖為任土庫曼蘇維埃共和國共黨第一書記時候的納扎爾巴耶夫，右圖為任獨立後土庫曼總統時候的納扎爾巴耶夫。

月辭職後又讓他當代理總統。在二〇〇〇年的總統大選中，普欽跌破很多人的眼鏡，在第一輪選舉獲得了五成三的選票。這部分是拜他在車臣取得的軍事勝利所賜。

普欽一度帶有反諷意味地形容自己是「蘇聯人愛國教育絕對成功的產物」。他出生在戰後貧乏時期的高峰，父母是列寧格勒的工人階級，大學念法學。他後來出於信念和浪漫想像加入了「格別烏」（間諜的英雄故事在他年輕時的蘇聯蔚為流行）。在蘇聯時期的最後十年，他在東德擔任間諜的工作，並沒有特別出色。在一九八九年目睹東德的戲劇性瓦解之後，他回到烏雲密布的蘇聯。他從沒有正式脫離共產黨，在共產黨失勢後只是把黨證收入一個抽屜裡。回到俄羅斯之後，他為列寧格勒市長索布恰克工作，然後在一九九六年遷往莫斯科。普欽不只是「列寧之城」列寧格勒的產物，還因為祖父的關係而跟列寧的家庭有著些許淵源：他的祖父在一九二〇年代擔任列寧遺孀的廚子。如果現在仍然是蘇聯時代，一定會有人指出，由一個廚子的孫子擔任國家元首乃是實現了列寧在《國家與革命》中的預測。

普欽做為領導人的最初表現讓人刮目相看，有點出人意表。他把自己形塑為一個溫和的俄羅斯民族主義者和東正教信徒，但又尊重蘇聯的歷史。他著手約束寡頭們，終止俄羅斯的解體（制服車臣），糾正失控資本主義的過火，恢復國家對金融體系和關鍵產業（如天然氣）的某種程度控制。他的努力獲得國際油價上漲的助力：在二〇〇八年升至每桶一百三十七美元，到了二〇一四年才再次下降。他為人民帶來了穩定和恢復俄國原有國際地位的希望，所以獲得的支持率非常高（政府和獨立的民意調查都是同樣結果）。他大力打擊葉爾欽時代的寡頭，導致別列佐夫斯基被迫移民國內（他將會在二〇一三年死在倫敦，死因可疑），也導致霍多爾科夫斯基在二〇〇三年因為經濟罪名而被起訴，坐了一段時間的牢（出獄後出國去）。

在一場長期的拉鋸戰中，普欽逐漸增大總統的權力，讓他可以罷黜與莫斯科意見不合的外省省長。在政治上，他支持新政黨「統一俄羅斯黨」（United Russia），該政黨競選「杜馬」的議員席位，也被認為是所有外省省長都應該參加。（「統一俄羅斯黨」要更像芝加哥市長理察．戴利〔Richard Daley〕的著名「黨機器」，不像傳統的政黨，任務更多是拉票和為聯邦職位挑選人選，而普欽也像戴利市長那樣，是在沒有一個政治局的情況下運作）。部分依賴「強力集團」（siloviki）進行統治（「強力集團」指像普欽自己那樣出身於蘇聯軍方和安全系統的人），普欽的政府——儘管仍然維持一個選舉框架——變得對政治挑戰愈來愈不寬容，而他也在二〇〇八年任期結束後耍手段保持權力。到了二〇一一年，六十八歲的普欽展開自己的第四任俄羅斯總統任期。

普欽起初向西方示好，但後來看來放棄了與西方恢復良好關係的念頭，甚至開始刻意對西方的公眾意見嗤之以鼻。二〇〇三至二〇〇五年之間發生在喬治亞、烏克蘭、吉爾吉斯的顏色革命在這件事情上起了重要作用，因為俄羅斯的領導階層深信，北約和美國站在這些革命背後，設法要動搖這些政府對俄羅斯的好感，甚至設法對俄羅斯本身用同一招。普欽的「格別烏」背景看來讓他的政府樂於使用骯髒手段，例如先後在二〇〇六年和二〇一八年在英國毒殺前俄國間諜亞歷山大．利特維年科（Alexander Litvinenko）和謝爾蓋．斯克里帕爾（Sergei Skripals）。二〇一四年，俄羅斯出兵收回克里米亞（這個半島是赫魯雪夫在一九五四年做為禮物送給烏克蘭蘇維埃共和國）。克里米亞是俄國黑海艦隊的基地，主要語言為俄語，有約三分之二的人口是俄羅斯裔，其他人口主要是烏克蘭裔和克里米亞韃靼人（他們在一九四〇年代遭到放逐，到蘇聯瓦解後才回歸故土）。俄羅斯也偷偷摸摸支持烏東頓巴斯和盧甘斯克（Lugansk）兩省的分離主義運動：這兩省約佔烏克蘭人口的七分之一，俄羅斯裔居民幾乎就像烏克蘭裔一樣多。這些行動引起了西方的憤怒，但在俄國國內卻受到歡迎。

在大部分為蘇聯的消失感到遺憾的俄國人的記憶中，整個蘇聯時期——從新經濟政策時期到改革開放的開始——都是一個公眾秩序井然、安全和低物價的時代（這種記憶當然不是完全正確）。隨著蘇聯民眾重新評估它過去的領袖，布里茲涅夫是一個大受益人。在二〇〇〇年早期，布里茲涅夫時代在許多人看來是一個黃金時代。「沒有戰爭也沒有革命，沒有饑荒也沒有動盪。」一個崇拜他的傳記作者在二〇〇二年這樣說。他又說，那時候「普通的蘇聯辛勞者，也就是大多數的人」，有更好的生活；一言以蔽之，布里茲涅夫時期「是整個多災多難的二十世紀最好的時期。」

葉爾欽和戈巴契夫在二〇一七年一次民調中受到冷遇：三成受訪者對於兩人都感到「憤怒和鄙視」，另外有百分之十五至百分之十三的人選擇的形容詞是「作嘔、痛恨」。這與戈巴契夫在西方受到的崇拜和同情態度大相逕庭。對俄羅斯人來說，他不是民主改革的英雄而是搞丟蘇聯的罪魁禍首。不過，這兩位前領導人都沒有按照優良的蘇聯舊傳統那樣成為「非人」（non-person）[4]：戈巴契夫直到九十歲仍然是非營利的戈巴契夫基金會的名義主席，而葉爾欽（在二〇〇七年離世）在家鄉烏拉山得到一座葉爾欽紀念館加以表揚。

二〇一七年的同一次民調也顯示，史達林得到的大眾尊崇度高於除普欽以外的任

4　譯注：指傳統上蘇聯的失勢領導人會受到非人對待。

何領導人（百分之三十二的受訪者表示尊敬史達林，百分之四十九的受訪者表示尊敬普欽），列寧位居第三（百分之二十六）。對一個受辱的民族來說，史達林是民族尊嚴和成就的榜樣：是他打造了俄羅斯的工業力量，是他領導國家贏得二次大戰。大部分後蘇聯時代的俄羅斯人對史達林黑暗的一面看來較不感興趣。

二次大戰變成了新的俄羅斯聯邦的民族神話的核心（就像它從前之於蘇聯的那樣），而史達林是勝利的縮影。自二〇一四年起，凡是對二戰期間蘇聯的活動有所詆毀的

退休的戈巴契夫與美國蘇聯學家史蒂芬・考亨（Stephen F. Cohen）及其妻子卡翠娜・霍威爾（Katrina vanden Heuvel）合影，2014年。背後站著的是德米特里・穆拉托夫（Dmitry Muratov），他是《新報》（*Novaia Gazeta*）的總編輯和2011年諾貝爾和平獎得主。

人都可能會受到懲罰，而「杜馬」下議院在二〇二一年也通過了一條法律，規定侮辱二戰老兵的人可被判最高五年的監禁。這些醜化常常是來自烏克蘭，是為了要給戰時的反蘇聯民族主義黨人（如班德拉派〔Banderites〕）平反。與此同時，烏克蘭正在發展自己的民族神話：這神話與俄羅斯的民族神話截然有別，它聚焦在一九三〇年代的大饑荒，將之重新詮釋為對烏克蘭老百姓的種族清洗。

普欽是其中一個欽佩史達林的民族打造成就的人。一九九九年十二月，在與「杜馬」的領袖們一次聚會時，他為史達林的生辰而舉杯祝酒。而在二〇〇〇年他出任總統後的首波動作之一，就是把蘇聯國歌重新定為俄國國歌——歌詞當然是有所更新，但這些新歌詞是原曲的作者謝爾蓋．米哈爾科夫（Sergei Mikhalkov）所寫（他贏得過三次史達林獎）。普欽起初很少語及史達林的恐怖統治，但這是他的政治盟友東正教教會的一大關切。到了二〇一七年，在牧首基里爾（Kirill）的陪同下，他在莫斯科為一座追懷政治壓迫受害者的紀念碑揭幕。他在第二年又為索忍尼辛做一樣的事（這位前異議分子在一九九四年返回俄羅斯定居），演講時指出蘇聯的「極權主義體制讓千千萬萬的人飽受痛苦和吃盡苦頭。」

大部分喜歡史達林的人也喜歡列寧，但普欽不是這樣——儘管他的祖父與列寧有淵源。二〇一七年，他放棄大事慶祝俄國革命一百週年紀念的機會。他因為內戰的血腥和沙皇的全家被處決（連狗都不放過）而對列寧有所不滿。然而列寧的真正問題在於，做為一個革命分子，他是一個民族摧毀者而不是一個像史達林那樣的民族打造者。業餘歷史學家普欽還記得，雖然史達林反對，列寧仍然堅持在最初的蘇聯憲法上加入條款，給予各加盟共和國退出蘇聯的權利。「那是一個針對我們的定時炸彈。」普欽指出說。赫魯雪夫也因為同樣問題而讓他不快。普欽在二〇一四年三月十八日向杜馬表示，赫魯雪夫在一九五四年把克里米

普丁和牧首基里爾在莫斯科的「基督救世主主教座堂」參加復活節彌撒，2015年4月24日。

亞轉移給烏克蘭之舉不僅是讓俄羅斯「被偷竊，還是讓它被掠奪。」

世界各地的人對蘇聯的消失歡天喜地，認為蘇聯是個幹過很多壞事的國家。不過也有少數人表示哀悼，認為蘇聯至少是一個實踐社會主義的嘗試。但對很多俄羅斯人來說（蘇聯是他們的出生國），感覺卻是截然不同。從落後中走出來，俄羅斯奇蹟似地在二十世紀贏得它在太陽下的一席之位：首先是領導世人邁向社會主義，後來是成為一個超級強權。然後這一切又莫名其妙地失去，連同失去的還有世人的尊敬和繼承自沙皇的帝國。雪上加霜的是，西方除了在一九九〇年代一個短暫的間歇以外，繼續敵視俄羅斯，其程度幾乎不亞於冷戰時代對待敵對超級強權蘇聯的態度。這在俄羅斯人眼中相當於一種仇外心態（「先前他們說他們恨我們是因為我們是共產主義者，但在我們不再是共產主義者之後，他們仍然恨我們。」）

對於未來復興的可能性，普欽有一箴言式的概括：「任何不為蘇聯的逝去感到遺憾的人是沒有心肝，任何希望復興蘇聯的人是沒有腦袋。」但誰又知道未來會是如何？一個有腦袋的領導人（如普欽之類？）可能會找出方法恢復其中一些失去的東西，儘管無法達到全面的復興。普欽在二〇〇〇年接受訪問時有此一問：既然我們（指俄羅斯人和烏克蘭人）明明是同一個民族，攜手一道的話可以再次成為全球性的牌局參與者，那為什麼烏克蘭要因為脫離俄羅斯而承受巨大的經濟損失和「去工業化」呢？俄國在二〇二二年二月對烏克蘭的入侵雖然讓「攜手一道」在可見的未來絕不可能發生，卻也顯示普欽不想擱著這個問題不管。蘇聯的鬼魂不準備消失得像蘇聯本身一樣快。儘管如此，獲得歷史授命的意識[5]——這種意識曾激勵從列寧到戈巴契夫等蘇聯領導人——卻是不可能再回復。身為受馬克思主義－列寧主義教育長大的蘇聯好公民，普欽無疑一度相信歷史必然性。但這已成過去：在各種突發事件於一九八九至一九九一年間展示過它們無可抵抗的力量之後成為過去。就像普欽在二〇〇五年接受的一次訪問中所說的：

> 你知道的當時發生了一大堆看似不可能和不可思議的事，然後是「砰」一聲！看看蘇聯發生了什麼事。誰本來能夠想像它會就這樣直接瓦解？

5 譯注：指對共產主義必然打敗資本主義是歷史法則的認定。

鳴謝
ACKNOWLEDGEMENTS

四位題獻對象[1]是我應該最先致謝的人，因為透過交談和爭論，還有是透過他們已出版的著作，大大促進了我對蘇聯歷史的了解。做為我私下認定的「師父」，在我在一九六〇年代晚期以交換研究生身分在莫斯科度過的最早歲月起，伊戈爾·薩特在形塑我對蘇聯的觀點扮演了一個巨大角色。傑瑞·霍夫（我們在一九七五至一九八三年是夫妻）教了我很多有關蘇聯政治的事情。他跟我分享的事情有很多被寫入本書中。塞維林·比亞勒是我在哥倫比亞大學的同事與對話者，他因為曾經是圈內人，對共產主義事務有自己的獨特角度。史蒂芬·考亨在我初到美國的時候徵召我做為在蘇聯學衝突中的盟友，後來又後悔。他起初是我的批評者和對手，然後隨著歲月的過去又成為了我的朋友。

本書所涉及的蘇聯歷史的一些方面我主要是透過別人的

1 譯注：指作者在題辭頁提到的四個人士。

第一手研究得知，他們很多都是我在一九九〇年代和二〇〇〇年代在芝加哥大學教書時的博士班研究生。在蘇聯民族方面，我極受惠於Ronald Suny、Vera Tolz-Zilitinkevic、Yuri Slezkine、Marianne Kamp、Matthew Payne、Terry Martin、Michael Westren、Andrew Sloin、Flora Roberts和Michaela Pohl，還有《來自帝國》（*Ab Imperio*）的總編輯們，因為閱讀這雜誌的後蘇聯時代各期讓我大受啟發，在寫作本書時受益不淺。在地區和區域行政管理方面，我受惠於Yoram Gorlizki、Jonathan Bone、James Harris、Golfo Alexopoulos、Alan Barenberg、Julia Fine。在公眾健康方面我受惠於Christopher Burton、Benjamin Zajicek和Michael David。在戰爭和它們的餘波方面，我受惠於Joshua Sanborn、Roger Reese、Jeong-Ha Lee、Natalie Belsky和Mark Edele。在經濟方面我受惠於Stephen Wheatcroft、Oscar Sibony-Sanchez、Charles Hachten、Julie Hessle、Kyung Deok Roh和Kristy Ironside。

我由衷感謝我在搜尋資料時幫助過我的人，包括芝加哥大學斯拉夫圖書館管理員June Farris（已故）和Sandra Levy，「東方瞭望出版社」（East View Press）的Chris Franz，以及雪梨大學的Rena McGrogan。

我在澳洲天主教大學的同事Kate Fullagar在一九八〇年透過她對倒寫歷史的討

論，無意中促進了我對展開我的故事的思考。

我極為感謝讀過本書全部手稿或一大部分的四位人士，他們也提供了詳細和非常有幫助的評論和批評：Vera tolz-Zilitinkevic、Graeme Gill、Chris Feik和Ruth Balint。本書因他們而得以大為改善。Katja Heath為本書尋找插圖，幫了我的大忙。

布萊克公司（Black Inc.）的團隊是模範生，我熱烈感謝他們每一位：Chris Feik（本寫作計畫就是由她首先建議）、Kate Hatch、Kate Nash、Erin Sandiford和Julia Carlomagno。

延伸閱讀
FURTHER READING

General

Davies, R.W., Mark Harrison and S.G. Wheatcroft, *The Economic Transformation of the Soviet Union, 1913–1945*, Cambridge University Press, Cambridge, 1994.

Fitzpatrick, Sheila, *On Stalin's Team: The Years of Living Dangerously in Soviet Politics*, Princeton University Press, Princeton, 2015.

Fitzpatrick, Sheila, *The Russian Revolution*, 4th edition, Oxford University Press, Oxford, 2017.

Gorlizki, Yoram and Oleg Khlevniuk, *Substate Dictatorships: Networks, Loyalty, and Institutional Change in the Soviet Union*, Yale University Press, New Haven, 2020.

Hanson, Philip, *The Rise and Fall of the Soviet Economy: An Economic History of the USSR, 1945–1991*, Routledge, London, 2014.

Hough, Jerry F. and Merle Fainsod, *How the Soviet Union Is Governed*, Harvard University Press, Cambridge, MA, 1982.

Lovell, Stephen, *The Shadow of War: Russia and the USSR, 1941 to the Present*, Wiley- Blackwell, Chichester, 2010.

Nove, Alec, *An Economic History of the USSR, 1917–1991*, 3rd edition, Penguin, London, 1992.

Rigby, T.H., *Communist Party Membership in the USSR, 1917–1967*, Princeton University Press, Princeton, 1968.

Siegelbaum, Lewis H. and Leslie Page Moch, *Broad Is My Native Land: Repertoires and Regimes of Migration in Russia's Twentieth Century*, Cornell University Press, Ithaca, 2014.

Simon, Gerhard, *Nationalism and Policy toward the Nationalities in the Soviet Union*, trans. Karen Forster and Oswald Forster, Westview Press, Boulder, 1991.

Slezkine, Yuri, 'The Soviet Union as a Communal Apartment', *Slavic Review*, vol. 53, no. 2, 1994, republished in Sheila Fitzpatrick (ed.), *Stalinism: New Directions*, Routledge, London and New York, 2000.
Slezkine, Yuri, *The Jewish Century*, Princeton University Press, Princeton, 2011.
Suny, Ronald Grigor, *The Soviet Experiment: Russia, the USSR, and the Successor States*, Oxford University Press, New York, 2011.

IntroductIon

Bialer, Seweryn, *Stalin's Successors: Leadership, Stability, and Change in the Soviet Union*, Cambridge University Press, Cambridge, 1980.
Cohen, Stephen F., Alexander Rabinowitch and Robert S. Sharlet (eds), *The Soviet Union since Stalin*, Macmillan, London, 1980.
Verdery, Katherine, *What Was Socialism, and What Comes Next?*, Princeton University Press, Princeton, 1996.

Chapter 1

Henderson, Robert, *The Spark That Lit the Revolution: Lenin in London and the Politics That Changed the World*, I.B. Tauris, London, 2020.
Pipes, Richard, *Russia under the Old Regime*, Penguin, Harmondsworth, 1977.
Solzhenitsyn, Alexander, *Lenin in Zurich*, trans. H.T. Willetts, Penguin, Harmondsworth, 1976.
Sukhanov, N.N. (ed.), *The Russian Revolution, 1917: Eyewitness Account*, abr. Joel Carmichael, Harper, New York, 1962.

Chapter 2

Cohen, Stephen F., *Bukharin and the Bolshevik Revolution: A Political Biography, 1888–1938*, Alfred A. Knopf, New York, 1973.

Daniels, Robert V., *The Conscience of the Revolution: Communist Opposition in Soviet Russia*, Simon & Schuster, New York, 1960.

Fitzpatrick, Sheila, *Education and Social Mobility in the Soviet Union, 1921–1934*, Cambridge University Press, Cambridge, 1979.

Fitzpatrick, Sheila, *The Cultural Front: Power and Culture in Revolutionary Russia*, Cornell University Press, Ithaca, 1992.

Kotkin, Stephen, *Stalin*, Vol. I, *Paradoxes of Power, 1878–1928*, Allen Lane, New York, 2014.

Martin, Terry, *The Affirmative Action Empire: Nations and Nationalism in the Soviet Union, 1923–1939*, Cornell University Press, Ithaca, 2001.

Rigby, T.H., *Lenin's Government: Sovnarkom 1917–1922*, Cambridge University Press, Cambridge, 1979.

Service, Robert, *Lenin: A Biography*, Harvard University Press, Cambridge, MA, 2000.

Chapter 3

Conquest, Robert, *The Great Terror: Stalin's Purge of the Thirties*, Macmillan, London, 1968.

Edele, Mark, *Stalinist Society, 1928–1953*, Oxford University Press, Oxford, 2011.

Fitzpatrick, Sheila (ed.), *Cultural Revolution in Russia, 1928–1931*, Indiana University Press, Bloomington, 1978.

Fitzpatrick, Sheila, *Stalin's Peasants: Resistance and Survival in the Russian Village after Collectivization*, Oxford University Press, New York, 1994.

Fitzpatrick, Sheila, *Everyday Stalinism: Ordinary Life in Extraordinary Times: Soviet Russia in the 1930s*, Oxford University Press, New York, 1999.

Getty, J. Arch and Oleg V. Naumov, *The Road to Terror: Stalin and the Self-Destruction of the Bolsheviks, 1932–1939*, Yale University Press, New Haven, 1999.

Kotkin, Stephen, *Magnetic Mountain. Stalinism as a Civilization*, University of California Press, Berkeley, 1995.

Kotkin, Stephen, *Stalin*, Vol. II, *Waiting for Hitler*, Allen Lane, New York, 2017.

Solzhenitsyn, Aleksandr I., *The Gulag Archipelago, 1918–1956*, trans. Thomas P. Whitney, Harper & Row, New York, 1973.

Viola, Lynne, *The Unknown Gulag: The Lost World of Stalin's Special Settlements*, Oxford University Press, New York, 2007.

Chapter 4

Alexopoulos, Golfo, 'Portrait of a Con Artist as a Soviet Man', *Slavic Review*, vol. 57, no. 4, 1998.

Bialer, Seweryn, *Stalin and His Generals: Soviet Military Memoirs of World War II,* Westview Press, Boulder, 1984.

Dunham, Vera S., *In Stalin's Time: Middle-Class Values in Soviet Fiction*, Cambridge University Press, Cambridge, 1976.

Fitzpatrick, Sheila, *On Stalin's Team: The Years of Living Dangerously in Soviet Politics*, Princeton University Press, Princeton, 2015 (see especially Chapter 9 on post- Stalin 'collective leadership').

Fitzpatrick, Sheila, 'Annexation, Evacuation and Antisemitism in the Soviet Union, 1939–1946', in Mark Edele, Sheila Fitzpatrick and Atina Grossmann (eds), *Shelter from the Holocaust: Rethinking Jewish Survival in the Soviet Union*, Wayne State University Press, Detroit, 2017.

Gorlizki, Yoram and Oleg Khlevniuk, *Cold Peace: Stalin and the Ruling Circle, 1945–1953*, Oxford University Press, Oxford, 2004.

Hessler, Julie, 'A Postwar Perestroika? Toward a History of Private Enterprise in the USSR', *Slavic Review*, vol. 57, no. 3, 1998, pp. 516–42.

Khrushchev, Nikita, *Khrushchev Remembers*, ed. and trans. Strobe Talbott, Little Brown, Boston, 1970.

Overy, Richard, *Russia's War: A History of the Soviet War Effort, 1941–1945*, Penguin, London, 1998.

Zubkova, Elena, *Russia after the War: Hopes, Illusions, and Disappointments*, ed. and trans. Hugh Ragsdale, M.E. Sharpe, Armonk, 1998.

Zubok, Vladislav, *Zhivago's Children: The Last Russian Intelligentsia*, Harvard University Press, Cambridge, MA, 2009.

Chapter 5

Bialer, Seweryn, *Stalin's Successors: Leadership, Stability, and Change in the Soviet Union*, Cambridge University Press, Cambridge, 1980.

Crankshaw, Edward, *Khrushchev's Russia*, Penguin, Harmondsworth, 1959.

itzpatrick, Sheila, 'Popular Sedition in the Post-Stalin Soviet Union', in Vladimir A. Kozlov, Sheila Fitzpatrick and Sergei V. Mironenko (eds), *Sedition: Everyday Resistance in the Soviet Union under Khrushchev and Brezhnev*, Yale University Press, New Haven, 2011.

Kozlov, Denis and Eleonory Gilburd (eds), *The Thaw: Soviet Society and Culture during the 1950s and 1960s*, University of Toronto Press, Toronto, 2013.

Ryan, Michael (comp.), *Contemporary Soviet Society. A Statistical Handbook*, Edward Elgar, Brookfield, 1990.

Taubman, William, *Khrushchev: The Man and His Era*, W.W. Norton, New York, 2003.

Zubok, Vladislav and Constantine Pleshakov, *Inside the Kremlin's Cold War: From Stalin to Khrushchev*, Harvard University Press, Cambridge, MA, 1996.

Chapter 6

Fitzpatrick, Sheila, *A Spy in the Archives*, Melbourne University Press, Melbourne, 2013.

Ledeneva, Alena V., *Russia's Economy of Favours: Blat, Networking and Informal Exchange*, Cambridge University Press, Cambridge, 1998.

Millar, James R., 'The Little Deal: Brezhnev's Contribution to Acquisitive Socialism', *Slavic Review*, vol. 44, no. 2, 1985, pp. 694–706.

Schattenberg, Susanne, *Brezhnev: The Making of a Stateman*, I.B. Tauris, London, 2021. Smith, Hedrick, *The Russians*, Ballantine Books, New York, 1976.

Yurchak, Alexei, *Everything Was Forever, Until It Was No More: The Last Soviet Generation*, Princeton University Press,

Princeton, 2006.

Chapter 7

Gill, Graeme J. and Roger D. Markwick, *Russia's Still-Born Democracy? From Gorbachev to Yeltsin*, Oxford University Press, Oxford, 2000.

Hough, Jerry F., *Democratization and Revolution in the USSR, 1985–1991*, Brookings Institution Press, Washington, DC, 1997.

Pesman, Dale, *Russia and Soul: An Exploration*, Cornell University Press, Ithaca, 2000.

Ries, Nancy, *Russian Talk: Culture and Conversation during Perestroika*, Cornell University Press, Ithaca, 1997.

Taubman, William, *Gorbachev: His Life and Times*, Simon & Schuster, New York, 2017.

White, Stephen, *Gorbachev and After*, Cambridge University Press, Cambridge, 1992.

ConclusIon

Derluguian, Georgi M., *Bourdieu's Secret Admirer in the Caucasus: A World System Biography*, University of Chicago Press, Chicago, 2005.

Fitzpatrick, Sheila, 'Becoming Post-Soviet', in Sheila Fitzpatrick, *Tear Off the Masks! Identity and Imposture in Twentieth-Century Russia*, Princeton University Press, Princeton, 2005.

Myers, Steven Lee, *The New Tsar: The Rise and Reign of Vladimir Putin*, Alfred A. Knopf, New York, 2015.

Pelevin, Viktor, *Homo Zapiens*, trans. Andrew Bromfield, Penguin, New York, 2006.

Putin, Vladimir, Nataliya Gevorkyan, Natalya Timakova and Andrei Kolesnikov, *First Person: An Astonishingly Frank Self-Portrait by Russia's President*, trans. Catherine A. Fitzpatrick, Public Affairs, New York, 2000.

人名對照表

A

Yury Afanasiev 尤里・阿法納謝夫

Alexandra 亞歷山德拉斯

Yury Andropov 尤里・安德洛波夫

Georgy Arbatov 格奧爾基・阿爾巴托夫

B

Natalia Baranskaya 娜塔莉亞・巴蘭斯卡婭

Stepan Bandera 斯捷潘・班德拉

Boris Berezovsky 鮑里斯・別列佐夫斯基

Lavrenty Beria 拉夫連季・貝利亞

Seweryn Bialer 塞維林・比亞勒

Boleslaw Bieru 博萊斯瓦夫・貝魯特

Joseph Brodsky 約瑟夫・布羅茨基

Nikolai Bukharin 尼古拉・布哈林

Nikolai Bulganin 尼古拉・布爾加寧

Fedor Burlatsky 費奧多爾・布爾拉茨基

Christopher Burton 克里士多夫・伯頓

John Bushnell 約翰・布希內爾

Robert Byrnes 羅伯特・伯恩斯

C

Konsantin Chernenko 康斯坦丁・契爾年科

Stephen F Cohen 史蒂芬・考亨

D

Yuly Daniel 尤里・丹尼爾

Georgi Derluguian 喬治・德魯古安

Dimitrov 季米特洛夫

Alexander Dubček 亞歷山大・杜布切克

Vladimir Dudintsev 弗拉基米爾・杜金采夫

John Foster Dulles 約翰・杜勒斯

E

Ilya Ehrenburg 伊利亞・愛倫堡

Avel Enukidze 阿維爾・耶努吉澤

Evgeny Evtushenko 葉甫根尼・葉夫圖申科

Nikolai Ezhov 尼古拉・葉若夫

G

Yuri Gagarin 尤里・加加林
Egor Gaidar 葉戈爾・蓋達爾
Zviad Gamsakhurdia 茲維亞・加姆薩胡爾季阿
Andrei Gromyko 安德烈・葛羅米柯
Vasily Grossman 瓦西里・格羅斯曼
Władysław Gomulka 瓦迪斯瓦夫・哥穆爾卡
Igor Gouzenko 伊格爾・古琴科
Andrei Grechko 安德烈・格列奇科

H

Julie Hessler 茱莉・海斯勒
Katrina vanden Heuvel 卡翠娜・霍威爾
Jerry Hough 傑瑞・霍夫

I

Armando Iannucci 阿曼多・伊安努奇
Ilya Ilf 伊利亞・伊爾夫

K

Jānis Kalnbērziņš 揚・卡林別爾津
Lazar Kaganovich 拉扎爾・卡岡諾維奇
Mikhail Kalinin 米哈伊爾・加里寧
Lev Kamenev 列夫・加米涅夫
Donald Kendall 唐納德・肯德爾
Alexander Kerensky 克倫斯基
Yevgeny Khaldei 葉甫根尼・哈爾岱
Mikhail Khodorkovsky 米哈伊爾・霍多爾科夫斯基
Sergei Kirov 謝爾蓋・基洛夫
Vsevolod Kochetov 弗謝沃洛德・柯切托夫
Arthur Koestler 阿瑟・庫斯勒
Ivan Konev 伊凡・科涅夫
Lavr Kornilov 拉夫爾・科爾尼洛夫
Aleksei Kosygin 亞歷克賽・柯西金
Andrei Kozyrev 安德烈・科濟列夫
Leonid Kravchuk 列昂尼德・克拉夫丘克
Nadezhda Krupskaya 娜傑日達・克魯普斯卡婭
Vladimir Kryuchkov 弗拉基米爾・克留奇科夫
Valerian Kuibyshev 瓦列里安・古比雪夫
Dinmukhamed Kunaev 丁穆罕默德・庫納耶夫
Igor Kurchatov 伊格爾・庫爾恰托夫

L

Alexander Litvinenko 亞歷山大・利特維年科
Maxim Litvinov 馬克西姆・李維諾夫
Solomon Lozovsky 索洛蒙・洛佐夫斯基
Anatoly Lunacharsky 阿納托利・盧那察爾斯基
Prince Lvov 李沃夫親王
Trofim Lysenko 特羅菲姆・李森科

M

Ivan Maisky 伊凡・麥斯基
Nestor Makhno 內斯托爾・馬赫諾
Georgy Malenkov 格奧爾基・馬林科夫
Osip Mandelstam 奧西普・曼德爾施塔姆
Guglielmo Marconi 古列爾莫・馬可尼
Joseph McCarthy 約瑟夫・麥卡錫
Roy Medvedev 羅伊・梅德韋傑夫
Zhores Medvedev 若列斯・梅德韋傑夫
Sergei Mikhalkov 謝爾蓋・米哈爾科夫
Anastas Mikoyan 阿納斯塔斯・米高揚
Stepan Mikoyan 斯捷潘・米高揚
Vyacheslav Molotov 維亞切斯拉夫・莫洛托夫
Vera Mukhina 薇拉・穆欣娜
Nuritdin Mukhitdinov 努里金・穆希金諾夫
Dmitry Muratov 德米特里・穆拉托夫
Vasily Mzhavanadze 瓦西里・姆扎瓦納澤

N

Nursultan Nazarbayev 努爾蘇丹・納扎爾巴耶夫
Ernst Neizvestny 恩斯特・涅伊茲韋斯內伊
Alexander Nevsky 亞歷山大・涅夫斯基
Saparmurat Niyazov 薩帕爾穆拉特・尼亞佐夫
Alec Nove 亞歷山大・諾夫
Rudolph Nureyev 魯道夫・紐瑞耶夫
Nazarbayev Nursultan 努爾蘇丹・納扎爾巴耶夫

O

Bulat Okudzhava 布拉特・奧庫德扎瓦
Sergo Ordzhonikidze 謝爾戈・奧爾忠尼啟則
Richard Overy 理查・奧弗里

P

Friedrich Paulus 弗里德里希・包路斯

Viktor Pelevin 維克托・佩列溫
Evgeny Petrov 葉夫根尼・彼得羅夫
Alexander Popov 亞歷山大・波波夫
Nikolai Podgorny 尼古拉・包戈尼
Gavriil Popov 格夫里爾・波波夫
Peter Pospelov 彼得・波斯別洛夫

R

Raisa 蕾莎
Grigory Rasputin 格里戈里・拉斯普丁
Valentin Rasputin 瓦連京・拉斯普京
Joachim von Ribbentrop 約阿希姆・馮・里賓特洛甫
Konstantin Rokossovsky 康斯坦丁・羅科索夫斯基
Julius and Ethel Rosenberg 羅森堡夫妻
Alexei Rykov 亞歷克賽・李可夫

S

Mikheil Saakashvili 米哈伊・薩卡希維利
Andrei Sakharov 安德烈・沙哈洛夫
Harrison Salisbury 哈里森・索爾茲伯里
Igor Sats 伊戈爾・薩特
Vladimir Semichastny 弗拉基米爾・謝米恰斯內
Evgeny Shaposhnikov 葉夫根尼・沙波什尼科夫
Volodymyr Shcherbytsky 弗拉基米爾・謝爾比茨基
Alexey Shchusev 阿列克謝・休謝夫
Eduard Shevardnadze 愛德華・謝瓦納茲
Dmitry Shostakovich 德米特里・蕭士塔高維奇
Andrei Sinyavsky 安德烈・西尼亞夫斯基
Sergei Skripals 謝爾蓋・斯克里帕爾
Anatoly Sobchak 阿納托利・索布恰克
Aleksandr Solzhenitsyn 亞歷山大・索忍尼辛
Richard Sorge 理查・佐爾格
Konstantin Stanislavsky 康斯坦丁・史坦尼斯拉夫斯基
Nikolai Sukhanov 尼古拉・蘇哈諾夫
Alexander Suvorov 亞歷山大・蘇沃洛夫
Svetlana 斯韋特蘭娜

T

Semyon Timoshenko 謝苗・季莫申科
Mikhail Tukhachevsky 米哈伊爾・圖哈切夫斯基

V

Aleksandr Vasilesky 亞歷山大・瓦西列夫斯基
Katherine Verdery 凱薩琳・韋德瑞
Klim Voroshilov 克利緬・伏羅希洛夫
Yevgeny Vuchetich 葉夫根尼・武切季奇
Nikolai Voznesensky 尼古拉・沃茲涅先斯基
Andrei Vyshinsky 安德烈・維辛斯基
Vladimir Vysotsky 弗拉基米爾・維索茨基

Y

Genrikh Yagoda 亨利希・亞果達
Aleksandr Yakovlev 亞歷山大・雅科夫列夫
Gennady Yanayev 根納季・亞納耶夫
Dmitry Yazov 德米特里・亞佐夫
Boris Yeltsin 鮑利斯・葉爾欽
Alexei Yurchak 阿列克謝・尤爾查克
Felix Yusupov 費利克斯・尤蘇波夫

Z

Grigory Zinoviev 格里戈里・季諾維也夫
Georgy Zhukov 格奧爾基・朱可夫

蘇聯簡史（1922-1991）
眞實存在的社會主義，蘇聯從生到死的故事

蘇聯簡史（1922-1991）：眞實存在的
社會主義，蘇聯從生到死的故事／
希拉・菲茨派翠克（Sheila Fitzpatrick）著；
梁永安譯.
－初版.－臺北市：麥田出版：
英屬蓋曼群島商家庭傳媒股份有限公司
城邦分公司發行，2023.12
面；公分
譯自：The shortest history of the Soviet Union
ISBN 978-626-310-569-0（平裝）
1.CST: 俄國史
748.28 112017343

封面設計 許晉維
印 刷 漾格科技股份有限公司
初版一刷 2023年12月
初版二刷 2024年5月

定 價 新台幣430元

I S B N 978-626-310-569-0
E I S B N 9786263105850（EPUB）

Printed in Taiwan

作 者 希拉・菲茨派翠克（Sheila Fitzpatrick）
譯 者 梁永安
責任編輯 林如峰
國際版權 吳玲緯 楊 靜
行 銷 闕志勳 吳宇軒 余一霞
業 務 李再星 李振東 陳美燕
副總編輯 何維民
編輯總監 劉麗眞
事業群總經理 謝至平
發 行 人 何飛鵬

出 版
麥田出版
台北市南港區昆陽街16號4樓
電話：(02) 2500-0888 傳眞：(02) 2500-1951
網站：http://www.ryefield.com.tw

發 行
英屬蓋曼群島商家庭傳媒股份有限公司城邦分公司
地址：台北市南港區昆陽街16號8樓
網址：http://www.cite.com.tw
客服專線：(02)2500-7718; 2500-7719
24小時傳眞專線：(02)2500-1990; 2500-1991
服務時間：週一至週五09:30-12:00; 13:30-17:00
劃撥帳號：19863813 戶名：書虫股份有限公司
讀者服務信箱：service@readingclub.com.tw

香港發行所
城邦（香港）出版集團有限公司
地址：香港九龍土瓜灣土瓜灣道86號順聯工業大廈6樓A室
電話：+852-2508-6231 傳眞：+852-2578-9337
電郵：hkcite@biznetvigator.com

馬新發行所
城邦（馬新）出版集團【Cite(M) Sdn. Bhd. (458372U)】
地址：41, Jalan Radin Anum, Bandar Baru Sri Petaling, 57000 Kuala Lumpur, Malaysia.
電話：+603-9057-8822 傳眞：+603-9057-6622
電郵：services@cite.my